MANFRED GRIMMER

Tap Dance-Technik

MANFRED GRIMMER

Tap Dance-Technik

Aus der Praxis – für die Praxis

2000

FLORIAN NOETZEL VERLAG

Heinrichshofen-Bücher · Wilhelmshaven

CIP-Kurztiteleintragung der Deutschen Bibliothek

Grimmer, Manfred:
Tap Dance-Technik : Aus der Praxis –
für die Praxis / Manfred Grimmer. – Wilhelmshaven :
Noetzel, Heinrichshofen-Bücher, 2000
    ISBN 3-7959-0776-4

Vorwort

In diesem Lehrbuch für Tap Dance habe ich außer den festgelegten Techniken und Variationen viele Übungen gesammelt, die sich in meiner langjährigen Praxis als Tap Dance-Lehrer und Tänzer als besonders zweckmäßig zum Erlernen und Beherrschen dieser Tanzart erwiesen haben. Mit den Übungen wird gezeigt, wie die einzelnen Techniken auf verschiedenartige Weisen verbunden und rhythmisiert werden können. Nur über dieses Wissen und Beherrschen ist es möglich, das Grundelement des Tap Dance zu erfassen, nämlich die freie Improvisation mit multiplizierten steps.

Die Variationen ab Seite 59 sind Trainingsmaterial sowohl für den Anfänger als auch für den professionellen Tänzer und den Tap Dance-Lehrer und geben gleichzeitig viele Anregungen zum Zusammenstellen von Tänzen.

Ab Seite 95 werden diejenigen Einzeltechniken aufgeführt, die in den nachfolgenden Tänzen verwendet werden.

MANFRED GRIMMER

Erstes Kapitel

Tap Dance: Grundtechniken, Herkunft, Geschichte

I. Schwarzer und Weisser Tap Tanz (Techniken)

Der moderne Tap Dance, volkstümlich auch Steptanz genannt, ist eine Schöpfung der nordamerikanischen Farbigen. Darüber sind sich heute die meisten Tanzforscher einig. Nun aber wird auch von so modernen Forschern wie STEARNS behauptet, der Tap Dance sei erst in den USA als Synthese von schwarzen und weissen Tanzelementen entstanden. Der Tap Dance erscheint so als typisch afro-amerikanisches Mischprodukt. Die Afroamerikaner haben den Tap Dance zwar in der Hauptsache erfunden, aber ohne die Hilfe der Weißen hätten sie das nicht geschafft! Demgegenüber muß betont werden, dass die Farbigen in Amerika fast nichts Neues erfunden haben, sie hatten bereits eine höchst entwickelte eigene Tap-TanzTradition in den Ländern des Sudan und Westafrikas geschaffen. Der Verfasser dieses Kapitels hat das in seinem Buch »*Grundphänomene und Grundbegriffe des afrikanischen und afro-amerikanischen Tanzes*« (Wien 1970) nachgewiesen. Nun aber besaßen in der Tat auch Engländer, Schotten und vor allem Iren ihre eigenen Tap-Tänze. In Irland gibt es die Jig, in Nordengland den Clog Dance. Die angelsächsischen und irischen Siedler brachten diese ihre Tap-Tänze nach Amerika hinüber. Die Afroamerikaner übernahmen im 19. Jahrhundert einige Motionen, Techniken und vor allem Namen aus den Irisch-englischen Tap-Tänzen. Aber die Schwarzen schmolzen diese einzelnen Elemente sofort in ihr eigenes Tanzerbe ein. Für den Laien ähneln sich schwarzer Tap Dance und irische Jig. Aber die Grundprinzipien und Grundtechniken der schwarzen Tap-Tänze sind völlig anders als die der Weißen. Der Unterschied ist vor allem rhythmischer Art, wie noch gezeigt werden wird.

Die Geschichte des modernen Tap Dance ist viel komplizierter als die des Jazz Dance. Dieser stammt nachweisbar aus Zentralafrika, daher wurde er in den USA auch Congo genannt. Dieser Congo-Jazz Dance-Stil zeigt totale Polyzentrik. Die wichtigsten der total isolierten Zentren sind Pelvis, Schultern und Kopf. Der Congo-Stil erschien den Euro-Amerikanern in den USA als so fremd und barbarisch, daß sie ihn einfach links liegen ließen. Kaum ein weißer Tänzer ahmte ihn nach. Erst nach 1920 kamen die weißen Imitatoren und glaubten es besser zu machen als die »armen Nigger«. So entstanden jene Synthesen von schwarzem Jazz, europäischem Ballett und amerikanischem Modern Dance, die heute unter der Marke Modern Jazz Dance laufen. Anders stand es mit den Tap-Tänzen der Schwarzen. Die kamen den Weißen sofort bekannt, ja vertraut vor. Der Tanz der weißen Minstrels war daher teilweise eine Nachahmung der schwarzen Tap-Tänze. Umgekehrt übernahmen professionelle Negertänzer, wie schon erwähnt, einzelne Techniken und Begriffe von ihren weißen Minstrel-Kollegen.

Wir müssen aber hier grundsätzlich zunächst einmal unterscheiden zwischen weißem und schwarzem Tap-Tanz. Die Verwandtschaft und damit die Möglichkeit der Verwechslung der beiden Tap-Stile bestand darin, dass in beiden Stilen rhythmische »Musik« mit den tanzenden Füßen erzeugt wurde und wird. Das sind die taps oder besser sounds. Die Irische Jig zeigt noch heute eine atemberaubende klingende Fußarbeit. In rasender Folge – bis zu 15 sounds pro Sekunde – klopfen die Füße den Boden. Allerdings: viel mehr als dieses rhythmische Klopfen ist in der Jig nicht drin! Die irischen, schottischen und englischen Siedler in den heutigen USA sahen in den Tap-Tänzen ihrer Sklaven zuerst die Verwandtschaft mit ihren eigenen Tap-Tänzen. Sie meinten sogar, daß die »primitiven Nigger« damit nur die weiße Tanzkultur auf ihre eigene barbarische Weise nachzuahmen versuchten. Diese Schwarzen hielten sich ja nicht einmal an den Rhythmus! Außerdem tanzten sie zusätzlich noch phantastisch-groteske Sachen, die den Weissen vollkommen fremd waren. Aber Jigging und Clogging wurde seit 1840 für Schwarz und Weiß die Bezeichnung für die schwarzen Tap-Stile.

Es gab also bei den Negern *Congo* und *Jig*. Congo, das war der barbarische Pelvistanz, der als obszön von den puritanischen Siedlern abgelehnt wurde. Die »Klopftänze« der Schwarzen wurden als Jigs akzeptiert und in den Minstrel-Shows benutzt. Nun aber stellten die weißen Siedler und Tänzer fest, daß es noch einen dritten schwarzen Tanzstil gab, den sie so wenig wie den Congo einordnen konnten. Die »unkultivierten Nigger« tanzten in diesem Stil zwar auch taps, aber sie tanzten dabei barfuß oder in bloßen Tuch- oder Lederschuhen. Sie benutzten also weder die Holzsohlen des Clog Dance noch die Metallplatten der Jig. Die Weißen nannten diesen Stil *Soft Shoe* oder auch: *Song and Dance*. Auch der Soft Shoe galt als rohe Nachahmung der weißen Jigs und Clogs. In Wirklichkeit handelt es sich in der Tat um einen eigenen Tanzstil, der aus Westafrika stammt. Das wird noch gezeigt werden. Um auch das schon vorwegzunehmen: der amerikanische Tap Dance ist im wesentlichen eine Synthese der sudanischen Tap-Tänze und des westafrikanischen Tanzstils. Dazu kommen noch Einzeltechniken der irischen Jig, des englischen Clog Dance und – minimal – der schottischen Reale und Country Dances.

Daß die weißen Siedler der USA die schwarzen Tap-Tänze mit Jig und Clog verwechselten, war von ihrer Sicht aus verständlich. Sie kannten als Tanz-Kunststile nur eben Jig und Clog. Der moderne Tanzhistoriker aber weiß, daß es auf der ganzen Welt solche klopfenden Fuß-Tänze gibt! Flamenco in Spanien, Csardas in Ungarn, Schuhplattler in Bayern, Holzschuhtanz in Holland, Kathak in Indien, Stampftänze in Südafrika usw. Es kommt auf den *Sinn* dieser Fuß- und Tap-Tänze an. Die Taps haben im schwarzen Tap-Tanz und damit auch im modernen Tap Dance eine ganz andere Bedeutung als in der irischen Jig. Es geht in diesem ersten grundlegenden Kapitel hauptsächlich darum, die grundsätzlichen Unterschiede von schwarzen und weißen Tap-Tänzen zu zeigen. Das ist weder eine rein stilistisch-technische noch eine rein historische Frage, sondern hier handelt es sich um ein kulturgeschichtliches Problem allererstem Ranges. Es geht um die Frage, wieweit die Farbigen ihr afrikanisches Kulturerbe bewahrt haben. Es geht also um das Thema der kulturellen Identität der Afro-Amerikaner! Auch Historiker in den USA neigen dazu, dieses afrikanische Erbe zu verkleinern. Sie behaupten als gute Amerikaner, es gebe nur noch Reste der afrikanischen Tradition. Tap Dance und Jazz Dance aber demonstrieren für jedermann sichtbar, daß der Tanz – das Herz der alt-afrikanischen Kultur – in den USA bis heute fast vollkommen rein afrikanisch geblieben ist. Da wir hier – leider zum ersten Mal – die komplexen Vorgänge der euro-amerikanischen und afro-amerikanischen Tanzgeschichte als Teile der amerikanischen Kulturgeschichte genau nachzeichnen wollen, müssen wir den schwarzen und weißen Tap-Stil zunächst getrennt behandeln.

Der weisse Tap-Tanz

Es handelt sich, wie schon gesagt, hauptsächlich um die irische Jig und den nord-englischen Clog Dance. Doch müssen wir auch auf die schottischen Tänze einge-hen. Jig und Clog besitzen eine im wesentlichen gleiche Tanztechnik und Tanz-terminologie. Wir haben für unsere Analyse die ältesten erhaltenen schriftlichen Quellen benutzt. Hier die Titel und Zahlen. HENRY TUCKER: *Clog Dance made easy* (1875). PAT BOONEY: *Ye Olden Stage Dances* (1881). JOHN B. HOGEN: *Original method of Stage Dancing* (1888). J. RALPH CURTIS: *Professional Buck and Wing Dance* (ohne Datum, vermutlich um 1910). HOGAN war Mitglied der berühmten Bryant's Minstrels, PAT ROONEY gehörte zu den berühmtesten Vertreterinnen des Soft Shoe. Für die irische Jig Ist wichtig das Buch von ELVIRA AJELLO: *The Irish Solo Jig* (1932). Über die schottischen Tänze unterrichtet am besten das Werk von J. F. und T. M. FLETT: *Traditional Dancing In Sootland* (1964).

Die irische Solo Jig (Tempo: 60–64 Takte pro Minute) Die Irische Solo Jig – in raschem 6/8 Takt – auch Jig in Double Time genannt darf nicht verwechselt werden mit der sogenannten Slip Jig. Diese ist kein Solotanz, sondern ein Paartanz im 9/8 Takt. Außerdem gibt es noch eine Jig als Gruppentanz. Die Double Jig mit zweimal drei Achteln im Takt (♪♪♪ ♪♪♪) ist ein ausgesprochener Kunsttanz. Da, wie wir schon wissen, einzelne Motionen und Begriffe von Clog und Jig in Amerika von pro-fessionellen Negertänzern übernommen wurden und damit auch in den amerikani-schen Tap Dance und dessen Terminologie eingingen, müssen wir diese Techniken und Begriffe schon jetzt kurz behandeln. (Die genaue Beschreibung findet sich im 2. Kapitel). Die wichtigste und stets wiederkehrende Motion der Jig ist der **hop**. Hop ist in der Regel ein Hüpfer auf **einem** Bein, der sound wird bei der Landung er-zeugt. Gelegentlich benutzen die frühen Autoren das Wort hop auch für Abspringen und Landen auf beiden Beinen zugleich. Das Gegenteil des Hop ist der **stamp** (Stampfer) Das ist ein energisches Aufsetzen des ganzen Fußes mit Gewicht (1 sound). Der brush der Jig ist ein »Bürsten« des nicht belasteten Beines in die Luft. Der sound wird dadurch erzeugt, dase der Ballen den Boden kurz berührtg bevor sich der Fuß in die Luft erhebt. Ein **shuffle** entsteht durch die Verbindung von vor-wärts brush und rückwarts brush. Der Ballen berührt zweimal den Boden, daher zwei sounds. Wird **nach** dem brush vom gleichen Fuß das Gewicht auf Ballen übernommen, dann sprechen wir von einem brush step (zwei sounds). **Point** bedeutet: der **unbelastete** Fuß wird auf dem Boden mit Ballen aufgesetzt. **Skip:** ein Schritt und ein hop auf dem gleichen Bein (zwei sounds). Ein **leap,** oft auch **spring** in der älteren Literatur, ist ein Sprung von einem auf das andere Bein. Zu diesen allgemein bekannten und benutzten Motionen treten spezielle und typische Jig-Motionen. Da ist zuerst **heel click** und **toe click:** Ein Zusammenschlagen der beiden Fersen bzw. der großen Zehen beider Füße. Im ersten Fall steht der Tänzer auf beiden Ballen, im zweiten, auf beiden Fersen. Sehr wichtig ist die **heel position** (toe up), heute als **heelstand** bezeichnet. Der Tänzer steht hier auf einer Ferse. Down heel (heute: heeldrop) bedeutet das hörbare Absenken des Fußes aus Ballenstand auf ganzen Fuß. Umgekehrt- down toe (heute: balldrop) bedeutet hörbares Absenken des Fußes aus Fersenstand auf ganzen Fuß. **Toe to heel** bedeutet, daß die Zehen des einen Fußes die Ferse des anderen Fußes mit einem kräftigen sound schlagen. Umgekehrt: heel to toe: die Ferse des einen Fußes schlägt gegen die Zehen des anderen Fußes.

Alle bis jetzt genannten Motionen erzeugen einen oder zwei sounds. Sie kommen fast alle sowohl in den afrikanischen Tap-Tänzen als auch im modernen Tap Dance vor.

Nun gibt es in der Jig aber auch Motionen, die keine sounds erzeugen. Das sind zuerst die kicks oder leg throws, vor allem aber die typisch irischen **cuts.** Beim cut wird der Unterschenkel des unbelasteten Beins vor oder hinter dem Unterschenkel des belasteten Beins gekreuzt. Die Zehen zeigen dabei nach unten, die Fußsohlen nach außen, das Knie ist fast im rechten Winkel gebeugt. Auch kicks und brushes werden in der irischen Jig häufig überkreuz ausgeführt, d.h.: das unbelastete Bein wird vor dem belasteten Bein gekreuzt.

Ein terminologisches Übersetzungsproblem geben die taps der älteren Literatur. Der moderne Tap Dance versteht unter einem tap folgendes: Der unbelastete Fuß schlägt aus leicht erhobener Luftposition ganz kurz mit dem Ballen auf Boden und geht sofort wieder in die Luft zurück. Der moderne tap also ist stets eine Motion des unbelasteten und isolierten **Fußes** allein. In Jig und Clog aber ist tap in der Regel ein Aufsetzen des seitherigen Spielbeins mit Ballen auf dem Boden mit gleichzeitiger Gewichtsübernahme. Allerdings kann tap auch hier schon bedeuten, daß das Gewicht **nicht** übernommen wird. Die älteren Autoren sprechen dann gelegentlich von tip tap oder point. Heute bezeichnen wir das belastete Aufsetzen auf Ballen grundsätzlich als ball step. Ein step ist im modernen Tap Dance jede Art von Gewichtsverlagerung.

Wir bringen nun – nach AJELLO – einige typische Figuren (= kombinierte Motionen) der irischen Solo Jig. Merke: Die irische Jig wird grundsätzlich auf Ballen getanzt.

Wir beginnen mit Sink and Crind. Das ist mit Abstand die beliebteste Figur der Jig. Mit ihr beginnen viele andere komplizierte Figuren. Um das Verständnis zu erleichtern, haben wir die englische Beschreibung ins Deutsche übersetzt. Nur die technischen Begriffe sind in der original-englischen Sprache.

Sink and Grind.

1   hop mit beiden Beinen und landen mit leicht gebeugten Knien auf beiden Ballen, aber so, daß der rechte Fuß sich nun vor dem linken Fuß befindet. Die Ferse des rechten Fußes berührt den rechten Knöchel des linken Fußes (cou de pied im klassischen Ballett).

2   hop mit linkem Bein und landen auf linkem Bein, zugleich aber kick vorwärts mit rechtem Bein.

and hop auf linkem Bein, rechtes Bein bleibt vorn in der Luft.

     Das ist der **Sink:** 3 Hops, Zählweise 1 2 and. Es folgt der **Grind.**

1 2 3 4: Vier taps (ball steps), mit rechtem Bein, linkem Bein, rechtem Bein, linkem Bein. Jeweils Gewichtsverlagerung.

     Das alles ist technisch recht einfach. Auch die Zählweise Ist simpel. Auf jeweils eine Achtelnote kommt eine Motion bzw. ein sound. Nur der dritte hop und der anschließende tap beansprucht jeweils eine Sechzehntelnote. Zählweise: and 1. Die irische Jig besteht – im Regelfall – aus Motionen, die entweder 1/8 oder 1/16 einnehmen. Es gibt keine rhythmischen Spiele mit dem step, keine sogenannte Multiplikation wie im schwarzen Tap Dance. Darüber wird noch ausführlich berichtet.

     Eine andere berühmte Figur der Jig ist: **Cover the Buckle.**

1 2   and 1 2 3 4 : Sink and Grind.

1   hop auf linkem Bein, gleichzeitig cut: rechtes Bein vor linkem Bein gekreuzt.

2   Serape: rechtes Bein wird ohne Gewicht zur rechten Seite geführt.

3   rechten Bein übernimmt Gewicht mit stamp.

4   linkes Bein heben. Stamp mit linkem Bein.

1   hop mit linkem Bein und cut rechtes Bein vor linkem Bein.

2   hop auf rechtem Bein, out mit linkem Bein.

3   Gewicht auf linkem Bein (Ballen)

and   rechter Fuß heelstand (Gewicht auf Ferse)

4   linkes Bein übernimmt Gewicht auf Ballen.

     Die folgende Figur mit Fersen- und Zehen-sounds wurde im 19. Jahrhundert als drumming bezeichnet. Im Tap Dance spricht man heute von cramp roll.

and   hop auf linkem Bein

1 and skip (step vorwärts und hop auf rechtem Bein)

2   step, linkes Bein vorwärts

and	heel tap auf rechter Ferse (Fersenstand)
3	heel tap auf linker Ferse (Fersenstand)
and	Stehen auf den Zehen des rechten Fußes
4	Stehen auf den Zehen des linken Fußes.

Mit jeder Motion – außer dem skip – wird hier das Gewicht gewechselt. Der Rhythmus ist durchweg gleichmäßig and 1 and 2. Das ergibt zwölf Motionen pro Takt.

Zusammenfassung. Die wichtigste sound-erzeugende Motion der Irischen Solo Jig ist der **hop,** also ein Springen in die Höhe, sound bei der Landung. Typisch sind weiter die zum Teil hoch in der Luft gekreuzten Beine beim cut. Es ist stets das ganze Bein, das eingesetzt wird. Im Gegensatz zur irischen Jig ist der moderne Tap Dance wie der ursprüngliche schwarze Neger-Tap-Tanz flach, näher am Boden. Das hat technische Gründe, die mit dem Wesen des afrikanischen Tap-Tanz zusammenhängen. Die meisten Motionen dieses Tanzstils werden mit dem isolierten **Fuß** allein ausgeführt. Auch die Mehrzahl der Motionen des modernen Tap Dance sind in der Regel nicht solche des ganzen Beins, sondern solche des isolierten Unterschenkels oder auch nur des isolierten Fußes. Hier stoßen wir bereits auf einen der wichtigsten Unterschiede von weißem und schwarzem Tap-Tanz: **auf das den ganzen afrikanischen Tanz beherrschende Gesetz der Isolation,** das weiter unten behandelt wird.

Rhythmisch ist die Jig vollkommen regelmäßig. Auf 1/8 oder 1/16 kommt eine Motion, also ein sound. Natürlich kann der gute Jigtänzer das Tempo seiner Schläge beliebig steigern: sounds auf 1/32 oder 1/64. An der Regelmäßigkeit der Schläge aber ändert sich nichts. Entscheidend ist die Schnelligkeit, mit der die Schläge aufeinander folgen. Mit anderen Worten heißt das: der Sinn der taps oder sounds besteht darin, dass eben taps ausgeführt werden, daß klingende Fuß-Musik gemacht wird. Ganz anders im schwarzen Tap-Tanz, und damit auch im modernen Tap Dance. Hier gilt einmal das Prinzip der Isolation der einzelnen Teile des Beines, der sogenannten Bein-Areas. Das entscheidende Gesetz des Tap Dance aber ist das Gesetz derMultiplikation. Das Gewicht wird nicht einfach mit einem sound verlagert, sondern zwischen step und step, zwischen Gewichtsverlagerung und Gewichtsverlagerung wird eine beliebige Zahl von sounds in **»unregelmäßem«** Rhythmus eingefügt. Verglichen mit dem Tap Dance ist die irische Jig rhythmisch recht simpel, um nicht zu sagen: primitiv.

Clog Dance

Seine Heimat ist Nordengland. Er steht im 4/4 Takt und wird ausgeführt in Schuhen mit harten Holzsohlen (Clog = Holzschuh). Technik, Ryhthmik und Terminologie sind weitgehend identisch mit der Jig. Nur sind die hops bei weitem nicht so zahlreich wie in der Jig. An die Stelle der hops treten hier mehr brushes, brush steps und shuffles. Daher ist der Clog Dance insgesamt flacher, dem Boden näher als die Jig.

Die beliebteste, immer wiederkehrende Figur des Clog Dance ist folgende:
1) step linkes Bein am Platz – and 2) shuffle rechtes Bein 3) step rechtes Bein – and 4) shuffle linkes Bein – 5) step linkes Bein. Oder aber: step auf linkem Bein bei 4, auf 5 dann stamp mit rechtem Bein.

Im ersten Fall handelt es sich um eine Folge von shuffle steps. Im zweiten Fall sprechen wir heute von shuffle ballchange (= shuffle step step). Der Anfänger wird auch heute noch im Tap Dance so zählen wie Tucker in seinem Clog Dance: step auf eins, shuffle auf: and zwei. Aber der fortgeschrittene Tap Dancer zählt anders. Beim shuffle step etwa: and a eins. Beim shuffle ballchange: and a da eins (and a shuffle etwa mit rechtem Bein, bei da: step mit rechtem Bein, bei eins: step mit linkem Bein). Beide Figuren bekommen mit der komplizierteren Zählweise einen völlig anderen Charakter, einen neuen Sinn.

Eine weitere Grundfigur des Clog Dance ist das Cross (Kreuz). Wir übersetzen Tuckers Darstellung hier in die moderne Terminologie. Cross: linkes Bein ball step – rechtes Bein ball step – linkes Bein hop – rechtes Bein ball step gekreuzt vor linkem Bein – toe to heel: Zehen des linken Fußes schlagen gegen Ferse des rechten Fußes – hop auf rechtem Bein. (Leider fehlt hier die Zählweise!).

Bei Pat Rooney gibt es zwar etwas mehr hops als bei Tucker. Aber auch bei ihr sind die Grundfiguren: brush, brush step und shuffle. Sie läßt im übrigen einen heute vergessenen Tänzer zu Wort kommen. Dieser Johnny Styles bringt außer brushes und shuffles noch Techniken, die nur im schwarzen Tap-Tanz vorkommen. Das sind vor allem **scuff** und **riff. Scuff** ist ein brush mit der Ferse. **Riff** ist eine Art von »Doppelbrush« vorwärts: Zuerst berührt der Ballen den Boden, dann aber folgt sofort die Ferse mit ihrem Bodenschlag. Der »Clog Dance« von J. Styles ist eindeutig ein schwarzer Tap-Tanz, der als weißer Clog Dance re-interpretiert und verständlich gemacht wurde.

Die schottischen Volkstänze

Wir sehen hier ab vom Highland Fling. Das Ist ein ausgesprochener Solotanz für Spezialisten. Die normalen schottischen Volkstänze sind die Country Dances und die Reels. Country Dances sind Paartänze, Reels sind Gruppentänze für – in der Regel – drei bis vier Teilnehmer. Fast alle schottischen Tänze stehen im 4/4 Takt, genauer im 8/8 Takt. (In der Praxis ♩♩ ♩♩ usw.). Die schottischen Tänze werden in der Regel lautlos getanzt. Charakteristisch für alle schottischen Tänze sind die hoch in der Luft gekreuzten Beine. Das kann dadurch geschehen, daß das unbelastete Bein (Knie) erhoben wird und dann in der Luft – im Knie gebeugt – vor dem belasteten Bein gekreuzt wird. Wir werden im historischen Abschnitt dieses Kapitels noch darstellen, daß für die puritanischen Geistlichen in den USA Tanz nur dann vorhanden war, wenn die Beine gekreuzt waren.

Kunstvolle Techniken des Beinkreuzens in der Luft in Schottland waren und sind: low aerial position und high leg position. Beispiel für low leg Position: Gewicht auf linkem Bein (Ballenstandl), rechte Fußsohle befindet sich vor dem rechten Knöchel des linken Fußes, aber so, daß der Boden von der Fußspitze nicht mehr berührt wird. Das ist Im klassischen Ballett das cou de pied.

Beispiel für high (aerial) leg position in front: Linkes Bein belastet, rechtes Bein waagrecht zur Seite erhoben. Das ist die zweite Position in der Luft. Nun aber wird der Unterschenkel des rechten Beins zum Unterschenkel des linken Beins zurückgeführt- Außenkante der Sohle vorn über dem Knie, Fußspitze zeigt genau senkrecht nach unten. Der rechte Unterschenkel befindet sich insgesamt in der Höhe des linken Knies. Diese Techniken kommen im schwarzen Tap-Tanz nicht vor. Aber trotzdem gab es für die schottischen Siedler anscheinend Negertänze, die ihren lautlosen Reels ähnelten. Das waren wahrscheinlich jene Tänze, bei denen die Füße am Boden oder leicht In der Luft voreinander (oder hintereinander) **gekreuzt** wurden. Jigs also waren die harten Stampftänze der Neger, deren Heimat der Sudan war. Die Reels der Schwarzen aber waren die weicheren Tänze mit gekreuzter Beinstellung. PAT ROONEY bringt als Beleg einen typischen Minstrel-Song. Weiße Tänzer tanzten und sangen hier mit geschwärzten Gesichtern. Der Song stammt von HARRY BENNETT, er wurde gesungen von dem Minstrel-Duett *Johnson and Bruno*. Der Titel
des Gedichts: The aerobatie Nigs.

Hier ein Auszug:

Oh! Dancing is a happy occupation,
Jo matter whether dancing **reels or jigs.**
But if you want to see a big sensation,
cast your optics on these acrobatic Nigs.
We learned our dancing down in **Alabama**
Where all the darkies sing ...

Oh! the boys were always jealous of these darkies
Because they couldn't sling themselves around.

Die boys, das sind die weißen Jungen, die neidisch auf die tanzenden Niggerboys sind. Auch old Massa – also der weiße Herr – wird verrückt, wenn er die beiden Nigger weiter beim **Double-Twist** sieht.
Hier also werden drei Tanzstile genannt: Jig, Reel und Twist. Twist ist immer ein »obszöner« Pelvistanz. Daher wird Massa auch zornig über diese unmoralischen Nigger. Die Reels aber und die Jigs, das sind Bein- und Fußtänze, die den Weißen scheinbar bekannt waren. Alabama im tiefen Süden wird als Heimat der schwarzen Tänze genannt.
Die schottischen shuffles. Wichtig für die geschichtliche Entwicklung des modernen Tap Dance wurden die shuffles und wings der schottischen Volkstänze. Shuffle ist einer der schillerndsten Begriffe in Jig, Clog, Reel, schwarzem Tap und Tap Dance. Im modernen Tap Dance ist shuffle ein flaches Vorwärts- und Rückwärtsschwingen des Unterschenkels mit jeweiligem ball tap des isolierten Fußes. Der ursprüngliche Negro-shuffle aber bleibt am Boden, er ist völlig, flat-footed, wie alle Zeugnisse des 19. Jahrhunderts beweisen, In Jig Clog und schottischem Tanz ist jedoch auch der Oberschenkel bei der Ausführung des shuffle beteiligt, also das

ganze Bein. Eines aber haben alle shuffles gemeinsam. Es handelt sich stets um zwei miteinander kombinierte Motionen des Beine bzw. des Fußes. Daher wird der shuffle auch noch heute gelegentlich als double bezeichnet. Die schottischen shuffles nun sind ausgesprochene Luft-Motionen. Hier ein Beispiel. Linkes Bein Gewicht, Richtung des Fußes diagonal nach links vorn; rechtes Bein vorne in der Luft. Nun der shuffle: der rechte Fuß schlägt kurz gegen die Innenseite des linken Fußes und kehrt sofort wieder in die Luft zurück. Beim schottischen double shuffle wird diese Motionsfolge verdoppelt: brush zurück, kick vorwärts, brush zurück und noch einmal kick vorwärts. Wenn in der frühen amerikanischen Tanzliteratur shuffles erwähnt werden, dann muß der Historiker jeweils untersuchen, um welche Art von shuffles es sich handelt. Vermutlich haben auch Negertänzer gelegentlich schottische shuffles und double shuffles benutzt.

Der Wing. Aus dem schottischen Tanz stammt auch die schon im frühen Tap Dance vorkommende Bezeichnung wing (Flügel). Hier ein Beispiel. Linkes Bein Gewicht und hop; rechtes Bein seitlich hoch in die Luft in die sogenannte zweite Air Position, sofort zurück in rear leg position, also hinter die linke Wade. Wing also besteht aus einem hop des belasteten Beins und einem side kick des unbelasteten Beines mit anschließender Rückkehr zum belasteten Bein. Diese Motionsfolge wird In den schottischen Tänzen als high cut, als pigeon wing (Taubenflügel) oder einfach als wing bezeichnet. Ähnliche Motionsfolgen gibt es auch im afrikanischen Sudan, etwa bei den Dogon im heutigen Staat Mali. Sie kamen auch in den amerikanischen Negertänzen des 19. Jahrhunderts vor, wie eine Abbildung bei ROONEY beweist.

Seit 1880 wurde das Wort Negro Jig langsam durch den Begriff Buck and Wing verdrängt. Buck (wörtlich übersetzt: Neger) war offenbar der multiplizierte und synkopierte flache Fußtanz, den wir schon kennen. Im Buck and Wing aber wurden diese multiplizierten Fußmotionen mit hops und wings des ganzen Beines verbunden.

Zusammenfassung. Alle schwarzen Tap-Tänze wurden von den irischen, schottischen und englischen Siedlern mit ihren eigenen Begriffen bezeichnet und entsprechend als Jig, Clog, Reel bzw. Wing interpretiert. Der moderne Tanzhistoriker muß diese weißen Interpretationen wieder gewißermaßen schwarz re-interpretieren. Er muß also die Kunst der Übersetzung beherrschen. Den Negern des 19. Jahrhunderts aber blieb nichts anderes übrig, als die weißen Begriffe zu übernehmen und damit die kulturelle Überlegenheit Europas zu akzeptieren. Mit Namen wurde die weiße Herrschaft stabilisiert. Deshalb kann bis heute behauptet werden, der Tap Dance sei zwar ein Produkt der nordamerikanischen Farbigen, aber er verdanke seine Entstehung im Grunde den Weißen.

II. Der traditionelle schwarze Tap-Tanz und der moderne Tap Dance

Zählweise. Das Zauberwort des Tap Dance hieß und heißt Multiplikation. Wenn wir dieses Grundgesetz des Tap Dance wirklich verstehen wollen, müssen wir rhythmisch ganz von vorne anfangen.

Der im Tap Dance in der Regel benutzte 4/4 Takt kann in vier Viertel eingeteilt werden. Auch im modernen Tap Dance können gelegentlich nur diese vier Viertel mit vier sounds hörbar gemacht werden. Gezählt wird dann 1 2 3 4. Der Tap-Tänzer kann weiter acht Achtel tänzerisch akzentuieren. Gezählt wird dann: and 1 and 2 and 3 and 4. Jede Motion, jeder sound entspricht also einem Achtelwert. So wird in der Regel in Jig und Glog getanzt. Auch im modernen Tap Dance kommt diese Zählweise durchaus vor. Ich kann aber weiter den Takt einteilen in **zwölf** gleichmäßige Teile, musikalisch also in vier Achteltriolen. Tänzerisch bedeutet das: 3 sounds pro Viertelnote. Gezählt wird jetzt: and a 1 and a 2 usw. Mit einer weiteren Unterteilung gewinnen wir sechzehn Motionen bzw. 16 sounds pro Takt. Zählweise jetzt: and a da 1. Die Zählsilbe da kann auch noch kürzere Werte als den Wert einer Sechzehntelnote bezeichnen.

Schema der Zählweisen

1 (beat)	2 (beat)	3 (beat)	4 (beat)
1 and	2 and	3 and	4 and
1 and a	2 and a	3 and a	4 and a
1 and a da	2 and a da	3 and a da	4 and a da
1 and a da a	2 and a da a	3 and a da a	4 and a da a

Nehmen wir als Beispiel noch einmal den uns schon bekannten shuffle step der Jig.

1	and 2	3	and 4
step re. Bein	shuffle li. Bein	step li. Bein	shuffle re. Bein

Auch im modernen Tap Dance kann beim shuffle step so gezählt werden. Wird dieser multipliziert, dann benötigt der Tänzer drei Motionen pro Viertelnote für seinen shuffle step. Er zählt dann: and a 1, and a 2.

Was ist Multiplikation?

Wo liegt der Unterschied zwischen dem shuffle step der Jig und dem des Tap Dance? In der Jig beansprucht der shuffle alleine einen ganzen Taktteil. Im shuffle step des Tap Dance erfolgt ein **step,** ein Gewichtswechsel in der Regel mit jedem

Viertel, musikalisch gesprochen: auf jeden normalen beat. Multiplikation also bedeutet, dass im Normalfall – es gibt Ausnahmen – der Raum zwischen step und step (zwischen Viertelbeat und Viertelbeat, zwischen Gewichtsverlagerung und Gewichtsverlagerung) mit zusätzlichen Motionen ausgefüllt wird. Auch ein Anfänger kann nun durchaus schon bald einen multiplizierten shuffle step, einen Triple, ausführen. Aber er wird zunächst versuchen, den drei sounds etwa die gleiche Zeitlänge zu geben, Nun aber kommt das Wichtigste, das eigentliche »Geheimnis« der Multiplikation. Im schwarzen Tap und im modernen Tap Dance sind die Zeiträume zwischen den Motionen nicht gleich »lang«, sondern grundsätzlich ungleichmäßig. Im Tap Dance wird noch heute dieses Phänomen als Synkopation bezeichnet. Manche Autoren reden auch in Anlehnung an die Jazzmusik von swing. Bei Synkopation kann man nicht mehr regelmäßig zählen und die Räume zwischen den Motionen nach ihrer genauen Länge einteilen. In der Praxis bedeutet die Zählweise 1 and a da 2 nur, daß zwischen 1 und 2 vier Motionen mit gleichmäßigen oder meist ungleichmäßigen Zwischenräumen zwischen den vier sounds ausgeführt werden. Versucht man dieses Phänomen der Synkopation im Tap und Jazz Dance wissenschaftlich zu fassen, dann könnte man sagen: and ist kürzer als eins, a ist kürzer als and, da ist kürzer als a. Auf alle Fälle ist die oben dargestellte traditionelle Zählweise nur ein Hilfsmittel sowohl für den Praktiker als auch für den Wissenschaftler. FLETCHER sagt in seinem Buch (dem besten über Tap Dance, das es gibt) über Synkopation: »Gleichmäßige 16 beats bzw. sounds pro Takt sind im Tap Dance sehr selten. Denn der Tap Dance verwendet seine beats in einer recht buntgemischten Weise. Diese Vermischung (mixing up) der Zählweise nennen wir Synkopation. Synkopation erst macht den Tap Dance zu einer Delikatesse auch für die Ohren.«

FLETCHER nennt weiter zwei Arten und Möglichkeiten der Synkopation. 1. Der Tänzer fügt extra-beats bzw. extra-sounds zwischen den regulären Viererbeats ein. Diese extra-beats schaffen so eine unregelmäßige Unterteilung des regelmäßigen Taktschlags. 2. Der Tänzer wechselt den Akzent des Takte. Dieser Wechsel wird als shading bezeichnet. FLETCHER nennt dieses shading die wirksamste Methode der Synkopation.

Fall eins (die extra-beats) ist klar. Nicht so klar ist vielleicht das Phänomen des shading. Gemeint ist damit, daß der Tänzer **seine** beats, **seine** sounds vor oder nach den regulären beats der Musik einfügt. Unter Umständen wird er nicht einen einzigen sound auf den normalen beat legen, sondern irgendwo vor oder nach diesem beat. Natürlich muß der Tänzer auch immer wieder auf den Normalbeat, den beat zurück.

Wir fassen heute beide bei FLETCHER erwähnten Arten von Synkopation unter dem einen Begriff der Multiplikation zusammen. Wir schließen uns damit der modernen Jazzforschung an (vgl. die Werke von DAUER). Auch die Jazzmusik kennt die beiden Phänomene, die extra-beats und die Verschiebung der melodisch-rhythmischen Akzente. Früher sprach man auch in der Musik von Synkopation oder besser von swing. Heute wird der Oberbegriff offbeat für alle Phänomene der Akzentverschiebung benutzt. Offbeat heißt: zwischen die regulären vier beats eines Taktes in der afro-amerikanischen Musik können beliebig viele offbeats eingeschoben werden. Auch der Jazzmusiker also multipliziert. Früher sagte man daher auch: Tap Dance sei »swingender« Tanz. Auf alle Fälle steht fest, daß Jazzmusik und Tap Dance den gleichen Gesetzen gehorchen. Entscheidend Ist nun offenbar der Platz, an dem sich die offbeats bzw. die multiplizierten Motionen mit Ihren sounds befinden. Wir wissen bis jetzt leider noch nicht, welche verändernde Wirkung der jeweilige Stellenwert einen offbeat auf den Charakter der Musik und des Tanzes ausübt. Halten wir auf alle Fälle fest: dem Phänomen des offbeat in der Musik entspricht haargenau das Gesetz der Multiplikation im Tap Dance. In beiden Fällen wird der Raum zwischen beat und beat, zwischen step und step gewissermaßen vervielfacht. Nun schließt Multiplikation natürlich reguläre beats bzw. sounds nicht aus, sondern ein. Umgekehrt kann der gute Taptänzer mit seinen Füßen eine Musik machen, die gar nicht in der Musik »steht«. Er kann sogar seine sounds **gegen** die Musik ausführen. Kurz, die Skala der Tap-sounds reicht von der völligen Regelmäßigkeit bis zur totalen Freiheit und Unregelmäßigkeit. Für den Anfänger empfiehlt sich natürlich zuerst die Regelmäßigkeit. Auch bei Gruppentanz wird die Freiheit beschnitten. Doch der perfekte Solist kann alle offbeats der Musik austanzen oder gar nach eigenem Temperament sounds im offbeat improvisieren.

Fassen wir zusammen. Multiplikation ist das Ausfüllen des Bewegungsraumes zwischen zwei steps mit beliebig vielen unregelmäßig rhythmisierten Motionen und entsprechenden sounds.

Im Interesse einer Systematik teilen wir nun die multiplizierten steps und tap sounds in Gruppen ein. Übernimmt der Tänzer mit der zweiten Motion das Gewicht, dann sprechen wir von einem Double. Bei einem Triple erfolgt die Gewichtsverlagerung mit der dritten, bei einem Quadruple mit der vierten, bei einem Quintuple mit der fünften Motion usw. (Sextuple, Septuple). Zwischensounds auf dem **belasteten** Fuß sind nicht nur möglich, sondern werden häufig angewandt.

Bei Doubles, Triples usw. können die jeweiligen Motionen rhythmisch regelmäßig sein. Aber in der Regel werden sie unregelmäßig multipliziert. Bei Jazz Walks – fast immer Doubles – **muß** der Rhythmus unregelmäßig sein. Populär ausgedrückt: die zwei Motionen eines normalen Jazz Walk sind nicht »gleich lang«.

Für die Neger war und ist Bein-Multiplikation eine Selbstverständlichkeit. Sie konnten und können gar nicht anders tanzen zu einer Musik, die polyrhythmisch und polymetrisch ist. Die weißen Tänzer entdeckten erst um 1880, daß das wesentliche Merkmal der schwarzen Tap-Tänze die Synkopation, also in unserer Sprache die Multiplikation war. Der Minstrel-Tänzer JAMES MCINTYRE rühmte sich, er habe um 1880 als erster einen synkopierten Buck and Wing auf einer New Yorker Bühne gezeigt.

TUCKER versuchte schon 1875, das Phänomen der synkopiert-multiplizierten Motionen der Neger zu erfassen. Sein Buch besitzt einen Anhang: Buck Tap Dance Routine, danced to Fox-Trot Music! Das ist nicht nur der erste Hinweis auf die schwarze Foxtrot-Musik und den Foxtrot-Tanz, sondern hier handelt es sich insgesamt um die älteste Beschreibung des Negro Dance in den USA. Buck Dance bedeutet grundsätzlich: Negertanz. Buck ist ein Slang-Wort für die männlichen Neger des Südens.

Bei TUCKER heißt es immer wieder: triple tap with right foot; anschließend leap with right foot, left foot extended in the air. Das heißt also: dreimal tap mit dem rechten Fuß, dann Sprung auf rechtes Bein, das damit Gewicht übernimmt. Das ist nichts anderes als eine multiplizierte Motion, ein Quadruple, Erst mit der vierten Motion wird vom rechten Bein das Gewicht übernommen. Die drei taps waren wohl drei brushes, einmal vorwärts, einmal rückwärts, noch einmal vorwärts. TUCKER bringt weiter ganz typische Neger-Tap-Motionen. Heute nennen wir diese Motionen: slides. Der sound wird dabei nicht vom unbelasteten Fuß erzeugt, sondern vom belasteten Fuß, der dabei den Boden nicht verläßt. Das klingt zunächst verrückt. Der belastete Fuß rutscht auf dem Boden vorwärts oder rückwärts. Die frühen Autoren nannten das auch »hops in den Boden« hinein. Das ist natürlich paradox, denn ein hop führt ja nach oben, in die Luft. Aber bei diesen Motionen bleibt der Fuß am Boden, auf diese Weise wird ein harter, knallender, peitschender sound erzeugt. Den Vorwärtsslide nennen wir heute einen chug oder buck, den »Rückwärtsrutscher« einen pull oder pullback. TUCKER versucht nun, diese paradoxen Motionen mit europäischen Begriffen zu fassen. Er nennt den chug einen shuffle vorwärts, den pullback einen shuffle rückwärts, obwohl er an anderer Stelle ausdrücklich betont, daß shuffle eine Doppelmotion sei. TUCKER läßt weiter während dieser »shuffles« (= slides) auf dem belasteten Fuß den anderen, den unbelasteten Fuß noch double taps, also regelmäßige shuffles ausführen. Das ist natürlich technisch nur dann möglich, wenn der andere Fuß, der Fuß mit den slides, das Gewicht behält. Man muß die hohe Kunst der Übersetzung beherrschen, wenn man die Beschreibungen von TUCKER verstehen und erklären will.

Isolation

Die von TUCKER beschriebenen Motionen des Buck Tap sind ganz flach, die chugs und pullbacks verlassen den Boden überhaupt nicht. Interessant ist noch, daß die beiden Füsse jeweils Motionen ausführen, die zwei verschiedenen Rhythmen gehorchen. Auf **einen** chug etwa kommt ein shuffle (2 Motionen!) des anderen Fußes. Wie dieser Buck ist auch der moderne Tap Dance in seinen Grundtechniken noch immer bodennah. Anders lassen sich die rapiden Multiplikationen des Fußes gar nicht durchführen. Das aber bedeutet weiter: die Grundfiguren des Tap Dance werden vom Unterschenkel plus Fuß oder vom isolierten Fuß allein ausgeführt. Damit haben wir den Begriff Isolation benutzt. Im Tap Dance werden die Areas des Beins: Oberschenkel, Unterschenkel, Fuß und unter Umständen noch Zehen eingesetzt. Hauptakteure sind Unterschenkel und Fuß als jeweils isolierte Areas. Im Jazz Dance müssen in der Regel alle Körperzentren isoliert eingesetzt werden (vgl. GÜNTHER/GRIMMER: *Jazz Dance*). Aber im Tap Dance bleibt das isolierte Bein, speziell der isolierte Fuß und Unterschenkel oder der isolierte Fuß allein, Hauptzentrum. Multiplikation ist im übrigen nur eine Anwendungsmöglichkeit, eine Konsequenz des Gesetzes der Isolation. So wie bei Isolation der eine Körper in seine Zentren »zerlegt«, also vervielfacht, multipliziert wird, so wird bei der Multiplikation des

Schrittes die **eine** Schreitmotion mit vielen Zwischenmotionen vervielfacht. Der europäische Tanz erscheint den Negern einfach zu simpel. Der Reiz des Tap Dance liegt für uns gerade darin, daß er es ermöglicht, aus einem einzigen Schritt möglichst viele Motionen gewissermaßen herauszuholen. Multiplikation ist Paprika für europäische Körper und Beine.

Buck and Wing

Das kleine Lehrbuch von CURTIS (Buck and Wing) zeigt schon alle multiplizierten und isolierten Bein- und Fußmotionen des heutigen Tap Dance. Das aber bedeutet auch umgekehrt: CURTIS demonstriert eine rein afrikanische Tanztechnik. Allerdings führen seine wings nicht direkt zur Seite, sondern als kicks gekreuzt vor das belastete Bein. Auch muß man diesen Autor in die heutige Tap-Sprache übersetzen, wenn man die hier beschriebenen Fuß- und Beinspiele verstehen will. Hier sein »Glossary«: Ein **hop** ist wie auch heute noch ein flacher Hüpfer. Der **tap** von CURTIS ist heute ein brush vorwärts. Ein **stamp** = flat step (Gewichtsübernahme mit ganzem flachen Fuß). **Flap** ist ein brush step (in dieser Bedeutung wird flap auch heute noch von manchen Autoren gebraucht), Slap ist ein brush rückwärts. **Burl** ist = shuffle. **Triple** = shuffle step. Leap ist bei CURTIS kein Sprung, sondern ein »hop forward«. Die kritische Prüfung der praktischen Beispiele ergibt, daß ein leap meistens identisch ist mit dem slide vorwärts, also mit dem chug, dem flachen hop into the floor.

Wir bringen nun die wichtigsten Figuren des alten Buck and Wing in moderner Übersetzung: Hop linkes Bein – shuffle rechter Fuß – ballchange (step rechter Fuß step linker Fuß).

Komplizierter ist schon folgende Figur: Linker Fuß Gewicht – rechter Fuß shuffle – hop linkes Bein – rechter Fuß shuffle step – linker Fuß shuffle step. Durch den flachen hop und den folgenden shuffle wird die Gewichtsübernahme durch den rechten Fuß um drei Motionen verzögert. Das ist bereits ein klassisches Beispiel für afrikanische Multiplikation.

Sehr häufig ist bei CURTIS eine Figur, die heute allgemein als Irish bezeichnet wird, die also an die Jig erinnerte. Ein Irish ist ein shuffle, ein hop und ein step. Beispiel: shuffle rechter Fuß – hop linkes Bein – step rechter Fuß. Auch hier verzögert der hop des linken Beins die Gewichtsübernahme durch den rechten Fuß. Bei Irish gibt es drei Zählweisen: and eins (shuffle) – zwei (hop) – drei (step). In der irischen Jig wird gezählt: and eins and zwei. Der gute Taptänzer aber multipliziert, indem er zählt: and a (shuffle rechter Fuß) – da (hop linkes Bein) – eins (step rechter Fuß). Zwischen step und step werden hier also drei unregelmäßig rhythmisierte Motionen und die entsprechenden sounds erzeugt. CURTIS kennt auch den Double Irish. Das ist ein shuffle-hop-step plus shuffle ballchange. Leider gibt CURTIS keine Angaben über die Zählweise.

Slides (chugs) kommen in der Figur »Kentucky Flap« vor. Schon der Name dürfte auf schwarzen Ursprung hinweisen. Gewicht rechter Fuß – shuffle linker Fuß – chug rechter Fuß brush step linker Fuß. Das Gewicht wird also vom linken Fuß erst mit dem step des brush step übernommen. Dazwischen werden vier Motionen ausgeführt. Wir sprechen in diesem Fall von einem Quintuple: Das seitherige Spielbein übernimmt erst mit der fünften Motion das Gewicht. Im übrigen besteht die ganze Figur »Kentucky Flap« nur aus slides, durch welche die Gewichtsverlagerung verzögert wird.

Auch die Figur »Wring the Chicken« ist eindeutig afrikanischen Ursprungs, wie die vielen Chicken-Figuren der amerikanischen Neger beweisen.

Hier die Chicken-Figur von Curtis. Shuffle step linker Fuß – kick mit rechtem Bein vor linkem Bein gekreuzt, und Körperdrehung nach links – rechter Fuß step neben linkem Fuß, gleichzeitig kick linkes Bein gekreuzt vor rechtem Bein – linker Fuß step vor rechtem Fuß – rechter Fuß step. Die letzten zwei, steps bilden einen klassischen gekreuzten footchange (= Fußwechsel).

Zu den bis jetzt vorgestellten Figuren kommen bei Curtis noch knee raise (Knieheben) mit anschließendem kräftigem Aufsetzen des Fußes (stamp) und das Schlagen der einen Ferse gegen die andere Ferse. Auch diese Figur (heute: heel hit) wird in eine multiplizierte Motion eingebaut. Kick rechtes Bein vorwärts – rechte Ferse schlägt kurz gegen die linke Ferse und geht sofort wieder hinter linkem Bein in die Luft – hop linkes Bein – step rechter Fuß, step links, step rechts. Die letzten zwei steps bilden einen ballchange (footchange). Das Büchlein von Curtis ist ein kostbares Bindeglied zwischen den uralten afrikanischen Tänzen der »Darkles« im Süden der USA und dem modernen Tap Dance. Die Tatsache, daß alle bei Curtis behandelten Techniken und Figuren auch noch im modernen Tap Dance vorkommen, beweist den afrikanischen Ursprung dieser Tanzart. Die amerikanischen Neger brachten die von Curtis vorgestellten Motionen und Techniken aus Afrika mit. Sie brauchten da von den Weißen so gut wie nichts zu lernen. Im Gegenteil, wie McIntyre und Curtis beweisen, waren es die Weißen, die von den Schwarzen lernten. Die multiplizierten steps der Darkies, der verachteten Nigger – sie bildeten die Grundlagen dessen, was man im 20. Jahrhundert dann Tap Dance genannt hat.

III. Von Afrika bis zum Broadway: Die Geschichte des Tap Dance

Wir versuchen im folgenden Abschnitt eine Darstellung der historischen Entwicklung des Tap Dance von den afrikanischen Ursprüngen bis zum modernen Bühnen-Tap eines Astaire oder Kelly. Die Quellen sind neben den schon genannten Büchern des 19. Jahrhunderts die Lehrbücher des zwanzigsten Jahrhunderts. Wichtig ist aber vor allem das große historische Werk von M. Stearns über Jazz Dance. Dieses Buch ist eine umfassende Quellensammlung. Leider aber müssen diese Quellen häufig anders interpretiert werden als es Stearns tut. Hochinteressant ist auch das kleine Büchlein von M.H. Winter: *Juba and American Minstrelsy*. Weitere Litera-turhinweise findet der Leser im Literaturverzeichnis dieser Schrift und bei H. Günther (*Grundphänomene …*) sowie H. Günther/M. Grimmer (*Jazz Dance*). Zu den schriftlichen Quellen treten Beobachtungen bei afrikanischen Tanztruppen in Afrika. Die wichtigste Quelle aber der afrikanischen Tanzforschung bildet heute der

Film. Das Göttinger Institut für den Wissenschaftlichen Film besitzt eine große Zahl von afrikanischen Tanzfilmen, die für die Geschichte des Tap Dance von größter Wichtigkeit sind.

Der Tanzstil des afrikanischen Sudan

Der Sudan erstreckt sich als breiter Gürtel vom oberen Nil bis zum Atlantischen Ozean. Im Norden wird er begrenzt durch Steppe und Wüste, im Süden durch den tropischen Wald. Der Sudan bildet nicht nur im Tanz eine Einheit, sondern auch in Plastik und Musik. Klassische Vertreter des sudanischen Tanzstils sind die berühmten afrikanischen Ballette aus Guinea und Senegel, die auch in Europa häufig auftreten. Berühmt ist auch die Tanztruppe der Republik Mali. Filmisch erfaßt sind die Tänze der Dogon im großen Nigerbogen , die Tänze um den Tschadsee und – ganz weit im Osten – die Tänze des Wadai-Gebiets (beide Republik Tschad). In den sudanischen Tänzen bilden die isolierten Arme und Beine die Hauptzentren. Dazu treten noch die Schultern, bei den Frauen die Brüste als Nebenzentren. Beine und Arme sind auch das Thema der sudanischen Kunst. Die europäischen Kunsthistoriker nennen daher diesen Stil etwas naiv auch Pfahlstil. Von allen afrikanischen Tanzstilen ähnelt der sudanische Tanz am meisten der irischen Jig. Der größte lebende Dichter Afrikas, L. S. Senghor, heute Staatspräsident von Senegal, hat diesen Stil in berühmten Versen treffend charakterisiert: »Nous sommes les hommes de la danse, dont les pieds reprennent vigueur en frappant le sol dur« (Wir sind die Menschen des Tanzes, deren Füße neue Kraft gewinnen, wenn sie den harten Boden klopfen).

In der Tat, im sudanischen Tanzstil schlagen die Füße den Boden, sie klopfen, sie stampfen, sie hämmern. Die Füße werden zu Trommeln. Genau das ähnelt der Jig. Aber der sudanische Tanzstil ist mehr als nur Hämmern und Klopfen. Er erzeugt echte afrikanische, also polyrhythmische und polymetrische Musik. Mit anderen Worten heißt das: der sudanische Klopftanz ist nicht gleichmäßig, sondern er schafft ein musikalisches Kunstwerk durch Multiplikation, durch offbeat.

Daher werden in manchen sudanischen Tänzen die begleitenden Musikinstrumente weggelassen. Bein und Fuß allein erzeugen Musik. Die Motionen und Klänge werden verstärkt durch metallene Rasseln und Raphia-Gamaschen an Fußknöcheln und Unterschenkeln. Die Kunst, die isolierten Hauptzentren im Tanz sichtbar und hörbar zu machen, nennen wir Tanzsignalismus. Der Sudan bevorzugt eindeutig Signale der Bein- und Arm-Areas. Im sudanischen Tanzstil wird zwar in der Regel das ganze Bein eingesetzt, aber es wird der Isolationstechnik entsprechend nicht als Einheit bewegt, es wird vielmehr in seine einzelnen Areas zerlegt: Oberschenkel, Knie, Unterschenkel, Fuß und Zehen. Typisch für den Sudanstil ist ein hohes Erheben des Knies zur Brust (knee raise), von da aus wird das Bein mit größtmöglicher Dynamik zur Erde geschleudert, der Fuß klopft dann mit rasender Schnelligkeit in multiplizierten Bewegungen den Boden. Dabei aber bleiben die Knie leicht gebeugt. Auch Sprünge mit Armbewegungen gehören zum sudanischen Stil. Umgekehrt aber kann auch nur der Fuß allein eingesetzt werden, um multiplizierte Motionen auszuführen. Der Oberkörper wird in der Regel aus der Hüfte leicht nach vorne gebeugt.

Es ist der Sudanstil, der in den USA als Jig bezeichnet wurde. Davon später.

Der westafrikanische Tanzstil

Auch der westafrikanische Tanz kennt als Hauptzentren Arme und Beine. Doch wird hier der Oberkörper häufig stärker nach vorne gebeugt, auch spielen die Schultern bei manchen westafrikanischen Völkern eine stärkere Rolle als im sudanischen Tanz. Weiter kommen hier teilweise schon jene Pelvis-Motionen vor, die typisch sind für den zentralafrikanischen Congo. Aber – und das ist der entscheidende Unterschied die isolierten Beine und Füße werden im westafrikanischen Tanz ganz anders eingesetzt und behandelt als im sudanischen Tanz. Klassische Vertreter des westafrikanischen Bein-Stils sind die in mehreren Göttinger Filmen vertretenen Völker der Gere, Guro und Baule (Elfenbeinküste). Aber auch die professionellen Medi-Tänzer der sonst sudanischen Dan (Liberia und Elfenbeinküste) sind großartige Repräsentanten des westafrikanischen Stils. Eine Liste der Filme findet der Leser bei GÜNTHER (*Grundphänomene* ...).

Insgesamt erstreckt sich der westafrikanische Stil etwa von Sierra Leone im Westen über die Elfenbeinküste, Ghana, Togo bis nach Nigeria hinein. A. M. DAUER, einer der besten Kenner der afrikanischen Musik, führt in seinem bahnbrechenden Aufsatz »Stil und Technik im afrikanischen Tanz« (AFRIKA HEUTE, 15.12.1967) aus, daß die Grenze zwischen Sudanstil und westafrikanischem Stil ziemlich genau der Grenze von Savanne und Urwald entspricht. Diese Grenze bestimmt auch Plastik und Musik. Die westafrikanische Plastik zeigt nicht mehr »Pfahlstil«, sondern »Rundstil«. Das entspricht wohl der teilweise stärkeren Betonung des Oberkörpers im Tanz. Über die Musik schreibt DAUER: »Harfen und Gitarren sind Instrumente der Savannenvölker, Blashörner und Schlitztrommeln kommen aus dem Wald. Die dreiteilige Sambga-Trommel und die zu vieren oder fünfen im Chor und stets von Frauen geschlagenen Sassa-Rasselkürbisse sind ausgesprochenes Merkmal der westafrikanischen Küstenvölker.«

Doch kehren wir zum Tanz zurück. Auch hier hat der Musiker DAUER recht gut beobachtet. »Die Beine sind nicht mehr nur einfache Trommeln, mit denen die Sudan-Tänzer harten Boden klopfen ..., hier beginnen die Beine zu sprechen, ihre Arbeit ist aufs höchste verfeinert, individualisiert. Die westafrikanische Küste ist das Gebiet des Solisten, der aus der Gruppe heraustanzt, von ihr wegtanzt.« Rein tänzerisch-technisch heißt das: im westafrikanischen Tanzstil gibt es zwar auch noch taps bzw. sounds, aber wichtig ist hier allein noch die Multiplikation der Bein- bzw. Fußmotion, und sonst gar nichts. Der klassische westafrikanische Tanz treibt einen wahrhaften Kult mit jenen Fuß-Spielen, die zwischen step und step, zwischen Gewichtsverlagerung und Gewichtsverlagerung ausgeführt werden. Westafrika ist das Gebiet der klassischen afrikanischen Bein- und Fußpiele. Die multiplizierten Motionen aber **zwischen** den steps **und** der Wechsel des Gewichts – das alles erfolgt so schnell, dass der normale weiße Zuschauer überhaupt nicht mehr mitkommt. Er sieht nicht mehr, was eigentlich geschieht. Er weiß nicht mehr, auf welchem Fuß der Tänzer im jeweiligen Moment eigentlich steht. Der westafrikanische Tanz gleicht einer Hexerei mit den Füßen. Das Bein ist absolut vorrangig. Nun ist zwar das ganze Bein bei diesen Hexereien beteiligt, aber das wirklich aktive Zentrum ist in der Regel der isolierte Fuß und Unterschenkel. Der westafrikanische Stil ist dementsprechend flach, er bleibt am Boden. Der westafrikanische Tänzer muß daher auf weite Sprünge verzichten, sein Tanz ist kleinräumig und wird weitgehend binnenkörperlich am Platz ausgeführt. Nur professionelle und halbprofessionelle Tänzer beherrschen diesen virtuosen Stil wirklich. Das ist der Grund für die Herausstellung des Solisten. Dem westafrikanischen Virtuosenstil werden wir in Amerika als Soft Shoe wieder begegnen.

Schwarzer Tanz in Amerika

Die afrikanischen Sklaven verloren in Nordamerika fast ihre ganze religiöse, künstlerische, handwerkliche und poetische Kultur. Was ihnen blieb, war ihr Körper. Mit diesem Körper aber brachten die Afrikaner ihre Rhythmen und ihre Tänze hinüber, d. h. aber den Kern ihrer traditionellen Kultur. Wir können heute alle uns bekannten afrikanischen Tanzstile in den USA nachweisen. Wir sind heute auch schon einigermaßen imstande, eine afro-amerikanische Tanz-Kultur-Geographie zu entwerfen. Ob sich allerdings daraus Schlüsse für eine schwarze »Siedlungsgeschichte« der USA ziehen lassen, steht dahin. Sicher ist aber, daß der von uns hier nicht behandelte Jazz Dance, der Congo-Stil oder Funky Style, im tiefsten Süden der USA getanzt wurde. Sein Gebiet erstreckte sich von Georgia bis nach New Orleans und Louisiana. Komplizierter ist die Geschichte des schwarzen Soft Shoe und der schwarzen Jig. Wir möchten aber dennoch den Versuch machen, aus den erhaltenen Dokumenten Schlüsse zu ziehen auf die afro-amerikanische Kulturgeschichte und Kulturgeographie.

Soft Shoe

Soft Shoe ist nichts anderes als westafrikanischer Tanzstil. Aber der Name stammt wie Jig, Clog und Reel von den weißen Minstrels, die den Soft Shoe der Schwarzen übernahmen und – natürlich – auf ihre Weise »verfeinerten«. Sie sahen und hörten zunächst nur, daß diese Neger taps mit normalen Schuhen oder gar barfuß produzierten. Ein anderer von den weißen Minstrels gebrauchter Name für Soft Shoe war Song and Dance. Die Negertänzer sangen nämlich bei diesem Tanzstil ihre eigenen Songs. Der singende und tanzende Negro boy (natürlich war das ein blackface, also ein Weißer mit geschwärztem Gesicht) ist seit 1810 auf den amerikanischen Bühnen nachzuweisen. Für die Weißen war die Verbindung von tanzen und singen völlig neu.

Der Soft Shoe stammt aus dem schwarzen Süden der USA. Das betonen alle Quellen des 19. Jahrhunderts. Allerdings ist nicht der tiefe Süden die Heimat des Soft Shoe, sondern wahrscheinlich der obere Süden, speziell die Ebenen von Virginia. Nicht ohne Grund wird die beliebteste und berühmteste Figur des Soft Shoe als Virginie Essence bezeichnet. Eine New Yorker Zeitschrift schrieb 1858 über den Soft Shoe des berühmten weißen Minstreltänzers DAN BRYANT: »Dieser Tanzstil ist typisch für den rohen und unkultivierten Schwarzen des alten Plantagenlebens.« (STEARNS, S. 50). 1872 wurde der Soft Shoe des Tänzers EDDIE GIRARD folgendermaßen beschrieben: »Dieser Tanz benutzt uralte, altmodische darkey steps (also Niggersteps), es handelt sich um eine Art von bastard clog, der nach Melodien des schwarzen Südens getanzt wird.« (Stearns, S. 50). Diese Stelle ist wieder ein interessanter Beleg dafür, daß viele Weiße im schwarzen Tanz nur eine primitive Nachahmung der weißen Tanzkunst erblickten (bastard clog!). Trotzdem übernahmen die weißen Minstrels – es gab vor 1870 kaum schwarze – den Soft Shoe. Offenbar besaß dieser Tanzstil eine außerordentliche exotische Faszination. Der Soft Shoe war nicht so barbarisch und obszön wie der Congo. Aber es war auch nicht möglich, den Soft Shoe einfach als Jig oder Clog auszugeben. Der Soft Shoe blieb völlig am Boden, er kannte keine hohen Hops oder gar Sprünge. Er war in Afrika kleinräumig, erst die weißen Minstrels fügten dann flache Bewegungen im Raum hinzu. Außerdem waren die taps des Soft Shoe nicht Selbstzweck, sondern nur die Resultate einer speziellen Fußtechnik. RUTH WALTON sagt in ihrem vorzüglichen Buch über Jazz Dance: »Im ursprünglichen Tap Dance und speziell im Soft Shoe springt der Tänzer nie in die Luft. Die Schönheit dieses Stils liegt in seiner glatten Eleganz, seine Raumbewegung wird durch flache, kleine und einfache Bewegungen erreicht.« Das ist bereits eine weiße Interpretation des Soft Shoe.

Aber In der Tat, das »Geheimnis« des Soft Shoe sind seine kleinen und einfachen steps. Soft Shoe bringt nichts anderes als eine dauernde Gewichtsverlagerung mit multipllzierten Fußmotionen. Die Grundfigur des Soft Shoe ist der Essence. Der basic essence ist lediglich eine dreimalige Gewichtsverlagerung auf Ballen: ball step rechter Fuß – ball step linker Fuß – ball step rechter Fuß. Nun aber werden diese drei steps »synkopiert«. Der zweite und der dritte step bilden zusammen einen ballchange. Das ist eine doppelte Gewichtsverlagerung, etwa von rechtem Fuß auf linken Fuß (Gewicht ganz kurz) und wieder zurück auf rechten Fuß. Beim ballchange können die Füße nebeneinander oder diagonal hintereinander stehen. Am häufigsten aber sind sie gekreuzt. Zählweise für basic essence, also für step ballchange: 1 and 2, oder besser: and a 1. Nun aber wird dieser basic essence multipliziert. Der single essence von heute besteht (Beispiel) aus einem brush step mit rechtem Fuß – einem brush mit linkem Fuß und ballchange mit linkem und rechtem Fuß. Zählweise: and 1, and a 2. Durch weitere Multiplikation wird daraus shuffle step rechter Fuß – shuffle step linker Fuß – step rechter Fuß. Die beiden letzten steps aber bilden bereits einen ballchange. Es müßte also besser heißen: shuffle step – shuffle – ballchange. Gezählt wird dann: and a 1 – and a da 2 (shuffle ballchange). Dieser noch relativ einfache essence wird nun von guten Tänzern weiter multpliziert und variiert. Der schon erwähnte Virginia Essence wird auch auf Ferse getanzt.

Die Grundform des Virginie Essence:

and 1	brush step linker Fuß rückwärts nach links
and	brush rechter Fuß vorwärts
a	dig rechte Ferse vorwärts mit Cewicht (heel step) vor linkem Fuß gekreuzt.
2	step linker Fuß (am Platz)
	Fortsetzung mit brush step rechter Fuß, brush linker Fuß, heel step linker Fuß.

Diesem Virginia Essence können natürlich noch beliebig viele multiplizierte Motionen zwischen den steps hinzugefügt werden. Die Folge dieser typisch westafrikanischen Beinhexerei ist, daß der Zuschauer den Gewichtswechsel überhaupt nicht mehr wahrnimmt, der Tänzer scheint regelrecht im Raum zu schweben. Der bekannte Ragtime-Komponist ARTHUR MARSHALL schildert den Soft Shoe ganz ausgezeichnet. »Wenn ein Bursche das wirklich konnte, dann sah das so aus, als ob er auf einer Eisfläche schweben würde. Er bewegte sich vorwärts, ohne daß er anscheinend die Füße bewegte. Man sah nur noch Ballen und Fersen, und man glaubte, daß der Körper von allein vorwärts getrieben würde, ohne daß die Beine ihre Position überhaupt veränderten« (STEARNS S. 51). Der rein westafrikanische essence ist also das »Geheimnis« des Soft Shoe. Geheimnisvoll ist leider auch das Wort. Es hat nichts mit Essenz zu tun, sondern ist offenbar ein afrikanisches Wort. Nachgewiesen kann der essence etwa ab 1840 werden. Auf Virginia als Heimat des essence weist auch die Tatsache hin, daß Virginie offenbar auch die Heimat der den Soft Shoe kultivierenden weißen Minstrelsy war. Aber die großen Meister des Soft Shoe waren jene schwarzen Minstrels, die nach 1865 auf den amerikanischen Bühnen auftreten durften. BILLY KERSANDS (gest. 1913) war das große Genie des schwarzen Soft Shoe. Er tanzte sogar vor der Königin Victoria und brachte Ihre Majestät zum Lachen mit seinen Hexereien und Tricks. Andere große schwarze Soft Shoe- Tänzer waren LEIGH WHIPPER und WILLIE COVAN. Unter den weißen Vertretern des Soft Shoe ragte unbestritten GEORGE PRIMROSE hervor. Sein Name wird noch heute unter den Veteranen des Tap Dance mit Ehrfurcht genannt. 1852 geboren, begann er seine Laufbahn schon im Jahr 1867. Zeitweise war er auch Besitzer einer eigenen Minstrel-Truppe. Er galt Jahrzehnte hindurch als das »Non plus Ultra of Song and Dance«. 1919 starb er als armer, aber berühmter Mann. PRIMROSE hatte eine große Anzahl von Nachahmern und Schülern. Sogar Farbige bewunderten ihn. Das größte Genie des schwarzen Tap Dance im 20. Jahrhundert, BILL BOJANGLES ROBINSON, soll in PRIMROSE sein Idol gesehen haben (vgl. STEARNS).

Das erste Lehrbuch für Soft Shoe schrieb die zu ihrer Zeit ebenfalls berühmte PAT ROONEY SR. Sie war wie PRIMROSE irischer Herkunft. Ihre praktischen Beispiele zeigen die flachfüßigen multiplizierten Fußtechniken des Soft Shoe In voller Klarheit. Allerdings bringt sie auch typische Figuren von Jig und Clog, so etwa die heutige cramp roll, ein Trommeln mit Fersen und Ballen. ROONEY betont aber, ausdrücklich, daß diese Figuren nicht zum Soft Shoe gehören, sondern aus Jig und Clog stammen. Deshalb muß der Historiker des Tap Dance auch die britischen Tap-Tänze kennen. Denn offensichtlich haben auch schwarze Tänzer nach 1870 einige weiße Techniken In ihren Soft Shoe übernomnen. Aber natürlich haben sie diese synkopiert und multipliziert.

Der Soft Shoe galt noch bis in die zwanziger Jahre unseres Jahrhunderts als eigener Stil. Dann erst ging er in jenem Tanzstil auf, der nach dem 1. Weltkrieg als Tap Dance bekannt wurde. Aber auch moderne Autoren trennen noch immer innerhalb des modernen Tap Dance den Soft Shoe vom »eigentlichen« Tap Dance. FLETCHER etwa sagt ausdrücklich: »Der Soft Shoe erfordert eine andere Art von Balance und Gewichtsverlagerung als der normale Tap Dance«. M. TURNER sagt über den Soft Shoe: »Das ist im Gegensatz zum eigentlichen Tap ein Stil der schwebenden Leichtigkeit in der Raumbewegung«. Auch andere Autoren betonen, daß der Essence elegant und leichtfüßig sei, sein Ziel sei nicht der harte, klopfende Schlag, sondern das Schweben im Raum. Mit anderen Worten heißt das: Ziel des Soft Shoe ist das raffinierte Spiel mit der Gewichtsverlagerung. Notwendigerweise sind die Motionen des Soft Shoe alle flachfüßig, sie werden am Boden oder nahe dem Boden ausgeführt.

Der Congo und der Negro Shutfle

Es gab und gibt einen afro-amerikanischen Tanzstil, bei dem die Füße völlig am Boden bleiben, ja kleben. Das ist der Congo. Er zeigt die totale Flachfüßigkeit des ursprünglichen Negro Shuffle. Die Heimat dieser allein mit dem isolierten Fuß ausgeführten Shuffle ist Zentralafrika mit seinem total polyzentrischen und fast rein binnenkörperlichem Tanzstil. Die amerikanischen Zeugnisse für den flachen Negro Shuffle reichen bis weit ins 19. Jahrhundert zurück. H. DIDIMUS berichtete 1854 über die berühmten Tänze auf dem Congo Square In New Orleans. Da heißt es u. a.: »Die Füße bewegen sich kaum viel weiter als ihre eigene Länge beträgt.« (Weitere Zeugnisse bei STEARNS und GÜNTHER »Grundphänomene«). Shuffle bedeutet in den amerikanischen Lexiken ein flaches schlurfendes Gehen. Genau das ist der Negro Shuffle. Aber es handelt sich dabei – ganz im Gegensatz zu den Air-Shuffles der schottischen Tänze – um multiplizierte steps, also um Doubles. Diese flachen Negro-Shuffles kommen noch heute im Jazz Dance, aber auch in Beet und Pop vor. Sie werden hier als flache Jazz Walks bezeichnet. Nehmen wir als Beispiel den Camel Walk. Erste Motion: flaches Aufsetzen der ganzen Fußsohle mit halbem Gewicht. Zweite Motion: Ruckartiges, starkes Beugen (bounce) des Knies, der Fuß bohrt sich dabei förmlich in den Boden hinein, der Fuß übernimmt nun das volle Gewicht. Diese flachen Shuffles = Jazz Walks kennen natürlich keine irgendwie gekreuzten Beine. Diese Tatsache hat vermutlich den Congo und damit den Jazz Dance gerettet.

Es waren baptistische und methodistische Pastoren, die den Negersklaven das Christentum beibrachten. Zugleich verboten diese den tanzbesessenen Negern jeglichen Tanz als Teufelswerk. Tanz aber war für diese britischen Puritaner immer Kreuzen der Beine. Das wußten sie aus ihrer Heimat nicht anders. In den ekstatischen Kulten der nur oberflächlich christianisierten schwarzen Heiden – in den sogenannten ekstatischen Ring Shouts – wurden zwar rhythmische Motionen ausgeführt, aber die Beine wurden dabei nicht gekreuzt. Also war das kein Tanz, die Neger durften shuffelnd tanzen!

Nun, der ganz flache Negro Shuffle ist im modernen Tap Dance kaum noch anzutreffen. Aber wir betonen es noch einmal, zusammen mit allen anderen Tap-Autoren: Auch der shuffle des Tap Dance ist relativ flach, er wird nur mit Fuß und Unterschenkel ausgeführt. Der shuffle als Technik aber ist die Grundtechnik des ganzen modernen Tap Dance.

Black Ji

Es gab und gibt im Süden immer noch einen afro-amerikanischen Tanzstil, der rein visuell in der Tat der irischen Jig ähnelt. Das war die seit 1840 nachweisbare schwarze Jig, die Negro Jig. Dieser Tanzstil übernahm auch irische Techniken und Namen. Die schwarze Jig zeigt die harten, hämmernden, klopfenden Beinmotionen des sudanischen Stils. STEERNS bringt einige prachtvolle Beispiele. Allerdings ist ihm der afrikanische Ursprung dieses Stils unbekannt. In dem auch in deutscher Übersetzung erschienenen Buch von B. A. BOTKIN »Lay my burden down« schildert ein Ex-Sklave namens J. SMITH, einen jigging contest, den sein Herr zur Gaudi veranstaltet hatte. Das war um 1840 in Texas. SMITH berichtet: »Der Sieger, der jiggiest fellow, konnte aus seinen Beinen wahrhafte Dampfhämmer (trip hammers) machen. Dabei erzeugte er sounds, die wie die einer Trommel »erklangen«. Das ist das erste Zeugnis dafür, daß ein Tapper mit einem drummer verglichen wurde!

Der berühmteste Vertreter der schwarzen Jig war LANE, ein freier Schwarzer, der ab 1840 unter dem Negernamen JUBA als erster Negertänzer Weltruhm erlangte. (Vgl. STEARNS, WINTER, GÜNTHER). Ab 1844 gab es jigging contests zwischen JOHN DIEMOND, dem größten weißen, und JUBA, dem größten schwarzen Jigger der Epoche. Daß es dabei – wie auch bei späteren Wettkämpfen – wesentlich auf den Rhythmus der Füße ankam, beweist die Tatsache, daß dabei stets drei Schiedsrichter anwesend waren. Der eine saß **vor** der Bühne (time judge), der zweite in den seitlichen Kulissen (style judge), der dritte aber, der wichtigste (execution judge), befand sich **unter** dem Podium. Er sah nichts, er sollte nur hören. Beim Soft Shoe wäre so etwas weder möglich noch nötig gewesen. Im übrigen haben einige englische Kritiker, die JUBA während einer England-Tournee beobachteten, schon festgestellt, daß dieser Schwarze mit der Zeit spielte, also synkopiert-multipliziert tanzte. Von diesen Kritikern erfahren wir auch, woher JUBAS Tanztechnik ursprünglich herkam. Da heißt es: The Virginny Breakdown, the Alabama Kick-up, the Tennessee Double Shuffle, the Louisiena Toe-and Heel. Aber JUBA beherrschte auch die irische Jig seiner weißen Kollegen perfekt. Begriffe wie tap, brush, shuffle, Irish (Shuffle-hop-step), cut, roll und cramproll, heel- and toeclick, waltz clog time wurden damals von den schwarzen Jiggern übernommen und mit ihnen die entsprechenden Techniken, auch wenn diese dann »synkopiert« wurden.

Wo nun konnte diese iro-afrikanische Jig entstehen? Mit Sicherheit nicht im tiefen Süden, sondern dort, wo Iren, Schotten- und Farbige nebeneinander lebten und sich gegenseitig beeinflußten. Das war der Fall zuerst einmal in New York. JUBA verbrachte seine Jugend in Five Pointe District, einem ziemlich berüchtigten Vergnügungsviertel von New York. Dort lebten arme Iren und ebenso arme, aber freie Schwarze zusammen. Hier hat JUBA seine irische Jig gelernt, hier wurde in den Lokalen ebenso afrikanisch wie irisch getanzt. Aber das wohl wichtigste Gebiet, wo sich Weiße und Schwarze beeinflußten, war das Hochland von Virginia und Kentukky. Die Farbigen übernahmen dort melodische Elemente der irischen und schottischen Volkslieder, aber diese Hochlandballaden wurden natürlich sofort rhythmisch afrikanisiert. (Vgl. DAUER und BUTCHER). Genau dieselbe Vermischung und Beeinflussung fand auf dem Gebiet des Tanzes statt. Irische Jig und schwarze Jig wurden nebeneinander getanzt und durchdrangen sich. Das Produkt dieser musikalisch-tänzerischen Mischkultur war die Minstrelsy, die mit Sicherheit aus dem oberen Süden stammt. Die erste berühmte Minstreltruppe waren die 1843 von DEN EMMETT gegründeten Virginia Minstrels. Es waren überwiegend Iren, die auch noch später die Minstrelsy trugen. Die Minstreltänze waren Jig und Soft Shoe. Schon die Namen führender weißer Minstrels verraten ihre irische .Abstammung. GEORGE PRIMROSE hieß ursprünglich DELANEY. Dazu kamen andere typische irische Namen: J. MCINTYRE, PAT ROONEY SR, BARNEY FAGAN, DAN BRYANT, JOHN P. HOGEN. Auch schwarze Minstreltänzer übernahmen gerne irische Namen. So etwa nannte sich REUBEN CROWTHER, Star der ersten berühmten Negerrevue »Clorindy« (1898), als Künstler ERNEST HOGAN.

Jigging war bis 1880 – außer Soft Shoe – die allgemeine Bezeichnung für alle weißen und schwarzen Klopftänze. Aber dann galt die Jig auf einmal als altmodisch und rückständig. An ihre Stelle traten der flache Buck und der Buck and Wing.

Buck
(Getanzt in Schuhen mit Holz-Sohlen)

Die älteren Autoren und Tänzer unterscheiden ausdrücklich zwischen Buck einerseits und Buck and Wing andererseits. We did buck, but no wings, sagen die von STEERNS zitierten Veteranen. Flachfüßig, im Gegensatz zur Jig, waren beide Tanzstile. Aber der Buck and Wing fügte den reinen Buck-Motionen noch wings, also kicks und Beinwürfe (battements), verbunden mit Armbewegungen, hinzu. Doch verließ der belastete Fuß den Boden dabei nicht. Hoofing war ein anderer Ausdruck für den reinen Buck, bei dem es allein auf die hörbare Multiplikation der Fuß-Motionen ankam. Die »Entstehungszeit« beider Stile aber scheint dieselbe gewesen zu sein, nämlich um 1880. Allerdings hielten die konservativen Negertänzer bis in die 20er Jahre am reinen Buck (= Hoofing) fest. Da gab es bis in die 30er Jahre hinein in New York den legendären Hoofers Club, dessen berühmtestes »Mitglied« Mr. Tap persönlich, KING RASTUS BROWN, war. He did no wings, heißt es. Aber seine Fuß-Hexerei ist noch heute Gegenstand der Bewunderung unter den Oldtimern. Auch der »größte Tap Dancer aller Zeiten«, BILL BOJANGLES ROBINSON (geb. 1878), hielt wenig von wings, aber alles von komplizierten Fuß-Rhythmen. BOJANGLES aber war in den 20er und 30er Jahren der unbestrittene König des Tap.

Buck (= männlicher Neger) bedeutet technisch noch heute zunächst nur einen slide, also jenen ganz flachen »Hop in den Boden hinein« (chug). Solche Bucks kamen auch in einigen Gesellschaftstänzen der Jahrhundertwende vor, so etwa im Pasmala (1895) und Possum Trot (1910). Darum nannten einige ältere Tänzer den slide auch »scratching the gravel« (den Kies kratzen). Eine andere Bezeichnung war Sooey, ein Wort unbekannter Herkunft. In einem erweiterten Sinn wurden und werden dann unter den Begriff Buck alle flachfüßigen Motionen zusammengefaßt: tap, scuff, brush, shuffle usw. Im wesentlichen bestand auch der Buck and Wing noch aus diesen mit Fuß und Unterschenkel ausgeführten Motionen (Belege bei CURTIS, HUNGERFORD u.a.). Aus dem. alten Buck stammen auch jene schon erwähnten Time Steps, mit deren Hilfe der Tänzer sein Tempo für sich selber und die ihn begleitenden Musiker immer wieder aufs neue regelt und feststellt. Die heute noch immer ausgeführten Time Steps wurden bis 1915 festgelegt und standardisiert. Sie bestehen aus flachen Motionen, sie sind fast alle synkopiert/multipliziert. Allerdings gibt es noch einen speziellen Negro Time Step, der eine spezielle Art von Synkopation aufweist. Alle heute noch wichtigen Time Steps werden im zweiten Kapitel ausführlich behandelt. Vermutlich wurde aus dem Terminus Time Step die Bezeichnung Step Dance (für Tap Dance) abgeleitet.

Woher kommen nun die flachen, multiplizierten Motionen des Buck? Man ist zunächst versucht, an den Congo zu denken. Doch scheint – nach den Göttinger Filmen zu schließen eher der mittlere Sudan die Heimat dieser Buck-Motionen zu sein, speziell das Gebiet um den Tschadsee. In den Tänzen dieser Region ist die Multiplikation des flachen Fußes zu einer wahren Kunst entwickelt worden. (Vgl. GÜNTHER, *Grundphänomene*). Während im westafrikanischen Stil die Gewichtsverlagerung für das Auge zum Verschwinden gebracht werden soll, werden in diesem mittleren Sudanstil die Gewichtsverlagerungen durch multiplizierte steps besonders betont. Man sieht genau und soll sehen, welche Spiele der Tänzer mit dem Fuß vor der Gewichtsverlagerung treibt. Hier liegt auch – wie wir schon sahen, der Unterschied zwischen Soft Shoe und »eigentlichem« Tap begründet. Der Tap akzentuiert die multiplizierten Motionen, der Soft Shoe bringt sie zum Verschwinden. Im Tap werden die Füße zu Trommeln, im Soft Shoe scheint der Tänzer zu schweben.

In Amerika läßt sich der flache, multiplizierte schwarze Buck etwa ab 1840 nachweisen, und zwar im ganzen Süden. Die Weißen nannten zunächst auch diesen Stil Jig, denn auch hier wurden mit taps, brushes, shuffles, scuffs sounds erzeugt. Erst als die weißen Minstrels begriffen, daß die Neger nicht nur flach, sondern auch synkopiert/multipliziert tanzten, verschwand das Wort jigging für die schwarzen Tänze. An seine Stelle trat das sicher schon alte Wort Buck Dance. Der Buck war immer synkopiert, die alte irische Jig nicht. Darum war der neu-alte Begriff seit 1880 notwendig geworden.

Buck and Win

Der Buck and Wing (1880 bis 1925) fügte, wie schon gesagt, den flachen Buck-Motionen noch wings, also meist seitwärts geführte kicks und Beinwürfe hinzu. Allerdings hoben diese frühen wings nicht den ganzen Körper in die Luft wie der moderne three-tap-wing. Auch wenn beim alten wing das belastete Bein während des wing einen flachen hop ausführte, von einer wirklichen »Elevation« in die Luft konnte keine Rede sein. Das bezeugen die von STEARNS befragten Veteranen. Bei den Farbigen des Südens aber wurde auch der Buck and Wing schon vor 1880 praktiziert. Es gab dort einen alten Tanz namens Mobile Buck. Der betreffende Dance Song lautet:

Raise yo right foot, kick it up high
Knock de Mobile Buck in de eye (Zit. nach STEARNS)

Oldtimer sagen mit Recht: der Mobile Buck war der Vorfahre des späteren Buck and Wing. Wir fügen hinzu: auch des modernen Tap Dance.

Woher stammen nun diese wings? Die weißen Minstrels waren überzeugt, daß die Neger hier die schottischen wings nachahmten. Daher nannten einige von ihnen den Buck and Wing einen bastard dance, ein Gemix aus allen möglichen anderen Stilen. In der Tat, rein technisch ähneln sich der schottische wing und der Negro wing: kicks und Beinwürfe, in der Regel zur Seite. Aber der Mobile Buck widerspricht der Theorie, wonach die Schwarzen hier »gestohlen« hätten. Der Mobile Buck war kein Minstrel-Kunst-Tanz, sondern ein Social Dance der Neger des Südens. Das beweist schon die Sprache des Textes. Weiter spricht gegen die Theorie der Entlehnung die Tatsache, daß bei vielen Sudanvölkern, so etwa bei den Dogon, solche hops mit wings vorkommen (vgl. M. GRIAULE: *Masques Dogon*). Wahrscheinlich ist, daß sich Weiße und Schwarze in Amerika gegenseitig beeinflußten. Das Wort wing ist eindeutig schottischen Ursprungs. Andererseits steht fest, daß der Buck and Wing »synkopiert« war. Das wird von dem Minstrel JAMES MCINTYRE ausdrücklich bestätigt. Er rühmte sich, daß er als erster weißer Tänzer den synkopierten Buck and Wing um 1880, auf einer New Yorker Bühne gezeigt habe. Er fügt ausdrücklich hinzu: Ich hab das bei den Negern im Süden nach dem Bürgerkrieg gesehen und gelernt. Das spricht wieder für afrikanischen Ursprung.

Der moderne Tap Dance

Die Grundtechniken und Grundfiguren sind auch im modernen Tap Dance identisch mit denen des Buck and Wing. Aber der moderne Tap Dance, der jetzt auch Step Dance in England und Europa genannt wurde, tauchte erst in den 20er Jahren auf. Das älteste dem Verfasser bekannte Buch, das den Ausdruck Tap Dance benutzt, stammt aus dem Jahr 1929 (TAMAROFF: *Taps*). Noch 1924 war ein Buch mit dem Titel Buck and Wing erschienen (E. RUSSELL: The art of Buck and Wing). Der älteste Film mit dem Titel Tap Dance stammt aus dem Jahr 1928, er zeigt RUBY KEELER, eine weibliche Vertreterin des Tap. Ab 1930 aber häufen sich die Bücher mit dem Titel Tap Dance. Man vergleiche das Literaturverzeichnis.

Was nun war neu im modernen Tap Dance? Drei Dinge!

1. der Tap Dance erhob sich »auf Spitze«. Das aber heißt: er wird überwiegend auf Ballen getanzt, nicht mehr mit dem flachen Fuß.
2. Neue Figuren werden eingeführt, in denen der Oberkörper und auch die Arme eingesetzt werden, etwa: Falling off the log, Buffalo, Over the top.
3. Der alte einfache wing wird abgelöst durch den höchst schwierigen modernen wing, bei dem der ganze Körper sich in die Luft erhebt.

Es ist heute kaum noch möglich, festzustellen, woher die Erhebung auf Ballen stammt. Übereinstimmend wird zwar von den Veteranen berichtet, BEJANGLES (BILL ROBINSON) sei der Urheber gewesen. Noch der große KING RASTUS BROWN tanzte flachfüßig, ohne Erhebung, ohne wings. Nun, in der Tanzgeschichte gibt es kaum so etwas wie individuelle »Erfinder«. Tatsache ist allerdings, daß das **dauernde** Erheben auf Ballen in Afrika nicht anzutreffen ist, wohl aber wird die irische Jig auf Ballen getanzt. Also irischer Einfluß? BOJANGLES selber behauptete gelegentlich, er verdanke seine Kunst den weißen Kollegen (vgl. STEARNS). Das Problem ist heute nicht mehr lösbar. Hingegen ist der Ursprung der Oberkörpermotionen ganz klar erkennbar. Sie stammen aus dem Jazz Dance, der seinerseits wieder auf den Congo zurückgeht. Der isolierte Oberkörper wird im Jazz Dance mehr oder weniger nach vorne gebeugt. Das ist die Haltung des Collapse (vgl. GÜNTHER/GRIMMER). Während in der irischen Jig und im schwarzen Buck and Wing nur »von den Hüften an abwärts« getanzt wird, wie alle Autoren und Veteranen bezeugen, drangen nun auch Oberkörper-Motionen mit Collapse in einzelne Figuren des Tap Dance ein. Auch die Arme wurden aktiviert, hauptsächlich aus Gründen der Balance.

Der moderne wing ist ein sogenannter flash act, ein schwarzes Akrobaten-Kunststück. Auch hier wird ein Erfinder genannt, der weiße Tänzer FRANK CONDOS. In Wirklichkeit stammt dieser moderne three-tap-wing aus dem Repertoire der uralten afrikanischen Akrobatik. Technisch handelt es sich dabei um einen multiplizierten slide seitwärts. Der **belastete** Fuß rutscht zuerst etwas seitwärts und erhebt sich dann in die Luft. Das ergibt den ersten sound. Bei der Rückkehr zum Boden erzeugt der Fuß noch einmal zwei sounds (brush step). Das andere, nicht belastete Bein tut fast nichts. Es befindet sich während des slide leicht erhoben in der Luft und wird dann einfach mit in die Höhe gerissen. Das liest sich sehr einfach, aber der moderne wing und seine Verwandten gehören zu den schwierigsten Figuren des modernen Tap Dance.

Insgesamt also stimmt die alte Formel. Modern Tap: Buck plus Jazz plus Flash.

Es ist nicht der Sinn dieses Kapitels, die Biographien der einzelnen Tap Dancer hier auszubreiten. Diese Biographien findet der Leser bei STEARNS. In dieser Beziehung ist dessen Werk eine wahrhafte Fundgrube. Hier geht es nur um die technisch-stilistische Entwicklung des Tap Dance selber. Doch wollen wir zum Schluß noch wenigstens die Namen der berühmtesten Tapper des zwanzigsten Jahrhunderts nennen. Schwarze Tänzerinnen und Tänzer: ALICE WHITMAN, KING RASTUS BROWN, BILL BOJANGLES ROBINSON, EDDIE RECTOR, JOHNNY NIT, CHARLES HONI GOLES, JOHN W. BUBBLES, PETE NUGENT, BUDDY BRADLEY, CHUCK GREEN. Weiß: ELEANOR POWELL, GINGER ROGERS, RUBY KEELER, ANN PENNINGTON, PAT ROONEY JR., ADELE UND FRED ASTAIRE, FRANK CONDOS, RAY BOLGER, JACK MANNING, JAMES BARTON, JACK DONAHUE, NED WAYBURN, PAUL DRAPER, GENE KELLY.

Wir müssen es uns auch versagen, eine Geschichte des deutschen Steptanz zu geben. Dessen große Zeit war – paradoxerweise – das Dritte Reich. Natürlich wurde hier die schwarze Herkunft des Tap Dance unterschlagen. Der deutsche Steptanz ging, so die Tanzbücher des Dritten Reiches, auf britische, also auf germanische Wurzeln zurück. MARIKA RÖKK gilt noch heute als das Wunder des deutschen Step. Hier aber soll noch auf jenen Mann hingewiesen werden, der als erster Deutscher den Tap Dance in der Zeitschrift »Der Tanz« um 1930 vorgestellt hatte. Das war EGON BIER.

Nach dem Krieg war auch in Amerika die große Zeit des Tap Dance vorbei. Im Augenblick aber gibt es deutliche Zeichen einer Renaissance. Deshalb sind jene Männer wichtig, die ein Bindeglied zwischem dem klassischen Tap Dance der 30er Jahre und einem künftigen Tap Dance bilden können. Wir denken hier vor allem an LAURENCE JACKSON, der als BABY LAURENCE bekannt wurde. Im Jahr 1966 gab er zusammen mit CHUCK GREEN und einigen anderen Tänzern auch in der Bundesrepublik ein kurzes Gastspiel. BABY LAURENCE, einer der letzten vom Hoofers Club, kehrte in den 40er Jahren zum reinen Tap Dance zurück. Er ließ alle »modischen« Oberkörpermotionen fallen. Allein die Trommelmusik der Füße sollte wieder gelten. Daher sagten einige Kritiker: BABY LAURENCE sei wieder ein hoofer. Aber BABY brachte auch Neues. Bis dahin spielte der drummer oder Pianist bei der Begleitung eines Tappers – bei allen offbeats – doch auch einen regelmäßigen beat. Es war der Tänzer, der die extra-beats, die multiplizierten beats trommelte. Mit dem seit 1940 entstehenden neuen Jazzstil aber, dem Bebop, befreiten sich die drummer vom regelmäßigen beat. Das aber hieß: sie trommelten weit kompliziertere Rhythmen als es die seitherigen Tapper gewohnt waren. Für BABY LAURENCE ging es nun darum, diese neue Rhythmen nicht nur nachzuvollziehen, sondern noch zu übertreffen. Seither ist der perfekte Tap Dancer völlig frei in seinen multiplizierten Fuß-Motionen. BABY LAURENCE zeigte so wieder, was Tap Dance war, ist und sein wird: Offbeat der Füße, multiplizierte Trommelmusik mit den Füßen.

Zweites Kapitel

Festgelegte Techniken und Verbindungen

In diesem Kapitel werden die standardisierten Techniken und Verbindungen des amerikanischen Tap Dance gesammelt und vorgestellt. Totale Vollständigkeit konnte schon deswegen nicht erreicht werden, weil sich die amerikanischen Autoren keineswegs darüber einig sind, welche Techniken und Verbindungen tatsächlich allgemein gültig sind. Auch ist die amerikanische Terminologie nicht einheitlich. In diesem Kapitel werden in der Regel diejenigen Begriffe vorgestellt, die von der Mehrheit der amerikanischen Autoren heute angewandt werden. Varianten und Abweichungen werden jeweils angegeben. Weiter stellte es sich heraus, daß die amerikanischen Beschreibungen der einzelnen Bewegungen teilweise ungenau sind. In solchen Fällen wurde versucht, in deutscher Sprache genau das zu beschreiben, was der Tänzer tatsächlich tut und ausführt. Neue Begriffe wurden von den Autoren nicht eingeführt. Doch wurden die einzelnen Techniken sinngemäß zu Verwandtschaftsgruppen zusammengefaßt.

Prinzipiell wurde vermieden, die amerikanische Terminologie ins Deutsche zu übersetzen – wie das im Dritten Reich geschah. Es ist lächerlich, einen brush als Bürstenschritt oder einen shuffle als Schaufelschritt zu bezeichnen. Im folgenden werden also die Bewegungen und Begriffe des amerikanischen Tap Dance in deutscher Sprache so erklärt, daß der Leser versteht, warum eine Bewegung so oder so genannt wird. Wie die Sprache des klassischen Balletts französisch, die des Flamenco spanisch ist, so ist die Sprache des Tap Dance wie die des Jazz Dance nun einmal englisch. Der Student des Tap Dance muß diese Terminologie erlernen. Sie wird im dritten und vierten Kapitel vorausgesetzt.

Körperhaltung

Der Tap Dance erfordert eine spezielle Körperhaltung. Der Oberkörper ist in der Regel leicht nach vorne gebeugt (relaxed). Stets leicht gebeugt sind auch die Knie. Das hat seinen Grund im afrikanischen Ursprung des Tap Dance. In diesem Tanzstil sind – im Gegensetz zu den europäischen Tanzstilen – die Knie **stets** mehr oder weniger gebeugt. Im Tap Dance geschieht diese Beugung so, daß der Unterschenkel leicht nach rückwärts zeigt. Dadurch wird das Gewicht gleichmäßig auf beide flachen Füße bzw. nur einen Fuß verlagert. Durch diese Kniebeugung wird das Bein deutlich sichtbar in seine Areas zerlegt, nämlich in Oberschenkel, Unterschenkel und Fuß. Auf dieser Isolation der Beinareas beruht die ganze Technik des Tap Dance. Die Beugung des Knies allein macht die für den Tap Dance spezifischen isolierten Bein/Fußmotionen erst möglich. Erst durch diese Beugung wird auch die speziell im Tap Dance notwendige Beweglichkeit und Flexibilität, das ständige leichte Federn der Knie in Verbindung mit den Fußmotionen erreicht. Der Tap Dance verlangt auch eine spezielle Grundhaltung des Fußes. Im Jazz Dance wird diese Grundhaltung als flex bezeichnet. Dabei wird der Fuß vom Knöchel aus leicht nach oben gebeugt (flex). Diese Haltung des Fußes bewirkt, daß sich der Fuß auch dann annähernd parallel zum Boden befindet, wenn er sich unbelastet vom Boden abhebt. Diese Fußhaltung ist notwendig für die im folgenden genau beschriebenen Techniken des Tap Dance. Die Freiheit des Fußgelenks wird durch die Beugung der Knie wesentlich gefördert.

Die sounds im Tap Dance werden auf folgende Weise erzeugt: 1. durch Ballen- bzw. Zehenanschläge, 2. durch Fersenanschläge, 3. durch Anschläge mit ganzem flachem Fuß.

Auch die Arme, die in vielen Tap Dance-Büchern vernachlässigt werden, bilden einen notwendigen Bestandteil Im Tap Dance. In diesem Tanzstil sind auch die Arme niemals völlig gestreckt, sondern immer leicht im Ellbogen und Handgelenk gebeugt. Dadurch werden die Areas des Arms isoliert: Oberarm, Unterarm, Hand. Die Grundhaltung der Arme ist folgende. Beide Oberarme werden an den Körperseiten schräg abwärts gehalten. Die Unterarme zeigen fast waagrecht leicht nach außen. Die Hände können dabei wieder speziell isoliert gehalten werden.

Techniken mit einem sound

Die Gruppe der steps.

Noch heute wird von manchen Autoren der Begriff step für eine Schritt-**Verbindung** benützt. Das aber ist ungenau und verwirrend, denn – darüber sind sich heute alle führenden Autoren einig – ein step ist eine Gewichtsverlagerung, und sonst nichts. Eine solche Gewichtsverlagerung kann aber auf verschiedene Art und Weise ausgeführt werden. Daher gibt es im Tap Dance auch eine ganze Reihe verschiedener steps.

ball step	Der gebräuchlichste aller steps. Jede hörbare Gewichtsverlagerung auf Ballen (ball). In jeder Richtung möglich.
heel step	Jede hörbare Gewichtsverlagerung auf Ferse (heel). In jeder Richtung.
flat step	Jede hörbare Gewichtsverlagerung auf ganzem flachen (flat) Fuß. In jeder Richtung.
stamp	(Stampfer) Betontes Aufschlagen des ganzen flachen Fußes mit Gewicht. In jeder Richtung.
flop	Ein stamp aus hohem Knieheben (knee raise).

Die Gruppe der taps.

Ein tap ist ein Aufschlag eines Teils des unbelasteten Fußes, der anschließend sofort wieder den Boden verläßt.

ball tap   Aufschlag mit dem Ballen des unbelasteten Fußes. In jeder Richtung.
heel tap   Aufschlag mit der Ferse des unbelasteten Fußes. In jeder Richtung.
toe tap   Aufschlag nur mit der Fußpitze, und zwar so, daß der ganze Fuß eine senkrechte Linie bildet. Ausführung rückwärts, seitwärts oder in gekreuzter Position.
                 Wird auch als **toe stab** (stab = Dolchstich) bezeichnet.
slam   Aufschlag des ganzen flachen Fußes ohne Gewicht. In jeder Richtung. Wird auch als flat tap bezeichnet.

Die Gruppe der beats.

Ein beat ist dasselbe wie ein tap, jedoch **bleibt** der Fuß am Boden.

ball beat   Aufschlag mit dem Ballen des unbelasteten Fußes. In jeder Richtung.
heel beat   Aufschlag mit der Ferse des unbelasteten Fußes. In jeder Richtung.
toe beat   Aufschlag mit der Fußpitze des unbelasteten Fußes, und zwar so, daß der ganze Fuß eine senkrechte Linie bildet, Ausführung rückwärts, seitwärts oder in gekreuzter Position.
stamp ohne Gewicht = Betonter slam.
dig   (graben) Betonter ball-, heel- bzw. toe beat.
point im   Ball beat, dabei ist das Bein fast gestreckt.
Tap Dance Das Knie des Standbeins ist stark gebeugt. In jeder Richtung.

Die Gruppe der brushes.

forward/   Vorwärts- oder Rückwärtsschwingen des Unterschenkels, verbunden
back   mit einem ball tap. Die Vorwärtsbewegung wird als forward brush, die
brush   Rückwärtsbewegung als back brush bezeichnet. Sowohl beim Vorwärts- als auch beim Rückwärtsbrush kann durch eine Drehung des Oberschenkels bzw. des Torso plus Oberschenkel die Richtung des brush verändert werden.
side brush Seitwärtsschwingen des Unterschenkels, verbunden mit einem ball tap.

      Bemerkung: Ältere Autoren nennen einen brush auch einen tap. Speziell der back brush wird von ihnen als cut bezeichnet. Dieser cut aber ist in Wirklichkeit eine Bewegung des ganzen Beins, die aus den irischen Tänzen stammt.

scuff   Betontes Aufschlagen der Ferse auf den Boden, während der Unterschenkel vorwärts oder seitwärts geschwungen und anschließend in der Luft gehalten wird.
balldrop   Hörbares Absenken aus heel beat, heel step oder heelstand (Stehen

auf Ferse). Bei balldrop nach heel beat **kann** Gewichtsverlagerung erfolgen.

heeldrop Hörbares Absenken der angehobenen Ferse aus ball beat, ball step oder ballstand (Stehen auf Ballen) mit oder ohne Gewichtsübernahme.

Die Gruppe der heel- und toe-Motionen.

Es gibt hier prinzipiell drei Möglichkeiten: Ferse schlägt gegen Ferse; große Zehe schlägt gegen große Zehe; Ferse schlägt gegen Zehe, oder umgekehrt Zehe schlägt gegen Ferse.

toe click Aus heelstand (Stehen auf beiden Fersen): die großen **Zehen** beider Füße zusammenschlagen.

heel click Aus ballstand (Stehen auf beiden Ballen): **Fersen** zusammenschlagen.

hit toes (hit = Vorbeischlagen)
Die große Zehe des unbelasteten Fußes schlägt gegen die große Zehe des belasteten Fußes.

hit heels Die Ferse des unbelasteten Fußes schlägt gegen die Ferse des belasteten Fußes.

hit heel to toe Dabei wird entweder die Ferse des unbelasteten Fußes gegen die
hit toe to heel große Zehe des belasteten Fußes geschlagen oder umgekehrt: die große Zehe des unbelasteten Fußes gegen die Ferse des belasteten Fußes. Andere Bezeichnungen für hit sind clip und catch.

Die-Gruppe der pick-ups.

pick-up (aufpicken) Beim gebräuchlichsten pick-up wird der angehobene Ballen des unbelasteten Fußes, der sich mit der Ferse am Boden befindet, mit einer scharfen brush-Bewegung zurückgeschlagen und in die Luft geführt. Nun aber gibt es auch einen pick-up auf dem belasteten Fuß.

pick-up on one Dieser pick-up auf dem belasteten Fuß gehört im Grunde zur
foot Gruppe der im folgenden beschriebenen slides. Viele Autoren bezeichnen diesen pick-up daher auch als pullback.
Ausführung: Den angehobenen Ballen des belasteten Fußes mit einer scharfen brush-Bewegung zurückschlagen und auf Ballen desselben Fußes landen.

Die-Gruppe der slides.

Ein slide ist eine schleifende, in jede beliebige Richtung führende Bewegung auf dem belasteten flachen Fuß, bzw. nur auf Ferse oder Ballen. (Auch auf beiden Füßen möglich).

chug buck Der am häufigsten angewandte slide ist der chug. Ein kleiner slide

	vorwärts verbunden mit einem betonten heeldrop. Die chug-Technik kann auch in Rückwärts- oder Seitwärtsbewegung ausgeführt werden.
pull / pull back	(ziehen) Ein slide rückwärts auf der Ferse des belasteten Fußes in Verbindung mit einem balldrop.
	Anmerkung: Manche Autoren bezeichnen auch den pick-up auf dem belasteten Fuß als pull back. Das aber ist technisch nicht richtig.
inside slide,	Ein slide mit dem belasteten Fuß seitwärts.
outside slide	Beispiel für **inside slide:** Gewicht auf linkem Fuß, slide nach
flea hop	rechts.
	outside slide: Gewicht auf linkem Fuß, slide nach links.
	Anmerkung: Inside und outside bei slides hat nichts zu tun mit der Bezeichnung inside (en dedans) und outside (en dehors) bei Drehungen.
stomp	Ein kleiner flacher Rutscher mit chug-Technik auf beiden gleichmäßig belasteten Füßen. In jeder Richtung.
	Anmerkung: Manche Autoren benutzen stomp für einen unbelasteten stamp. Das aber führt zu Verwechslungen.

Slide-Bewegungen mit dem unbelasteten Fuß.

Dabei werden im Gegensatz zu den bisherigen harten sounds zischende (swishing) sounds erzeugt.

drag	(Ziehen) Der freie Fuß wird – mit Druck – flach oder auf Ballen oder Ferse in alle Richtungen geführt.
draw	(Ziehen) Der freie Fuß wird aus einer offenen Position zum Standbein hin geführt.
skid	(Schleifen) Eine Vorwärtsbewegung des freien Fußes auf Ballen.

Sprünge.

Die Sprünge im Tap Dance sind im allgemeinen sehr flach.

hop	Hüpfer auf dem belasteten Bein (Fuß) und landen auf demselben Bein (Fuß).
leap	Sprung von einem Bein (Fuß) auf das andere Bein (Fuß).
jump	Sprung von beiden Beinen (Füßen) auf beide Beine (Füße).
Sissonne	Sprung von beiden Beinen (Füßen) auf ein Bein (Fuß).

Handmotionen.

clap hands	Klatschen mit den Händen. Diese werden dabei überkreuz gehalten. Dabei können die Hände jede beliebige Position und Richtung im Verhältnis zum Körper einnehmen.

Techniken mit zwei sounds

Vorbemerkung: Wenn hier Im folgenden von zwei-sound-Techniken geredet wird, dann bedeutet das nur, daß zwei Schläge schon durch die Bezeichnung zu einer Einheit zusammengefaßt werden. Die Rhythmisierung ist weitgehend frei.

Die Gruppe der brush steps.

Das Gewicht wird mit der zweiten Motion übernommen = Double.

brush step vorwärts	Ein brush vorwärts. Am Ende der Schwingbewegung des Unterschenkels wird ein ball step mit demselben Fuß ausgeführt. Beide sounds sind deutlich hörbar. In jeder vorwärtigen Richtung.
brush step rückwärts	Dasselbe wie ein brush step vorwärts in umgekehrter Richtung. In jeder rückwärtigen Richtung.
flap	Sehr kleiner brush vorwärts mit sofort anschließendem ball step auf demselben Fuß. Die beiden sounds gehen unmittelbar ineinander über. In jeder Richtung. Anmerkung: Von manchen Autoren werden brush step und flap auch als slap oder spank bezeichnet.
brush flat	Wie ein brush step, aber Gewichtsübernahme auf ganzen flachen Fuß.
tap leap und brush leap	Nach dem tap bzw. dem brush erfolgt die Gewichtsübernahme durch einen Sprung (leap).
pick-up step und pick-up leap	Pick-up mit unbelastetem Fuß, anschließend Gewichtsübernahme durch step oder Sprung (leap).

Die Gruppe der Jazz Walks.

Das Gewicht wird mit der zweiten Motion übernommen = Double.

strut	ball beat, gefolgt von einem heeldrop. In jeder Richtung.
balldrop Jazz Walk	heel beat, gefolgt von einem balldrop. Richtung: vorwärts und seitwärts.

Die Gruppe der shuffles und riffs.

(ohne Gewichtsverlagerung)

shuffle	Verbindung von Vorwärts- und Rückwärtsbrush oder umgekehrt. Richtung siehe brush. Andere Bezeichnungen: rattle, tattle, double.
riff	Mit dem freien Fuß ein brush vorwärts bzw. seitwärts, gefolgt von einem scuff mit demselben Fuß.
scuffle	Ein scuff vorwärts bzw. seitwärts, gefolgt von einem back brush.

Die Gruppe der footchange.

Gewichtsübernahme mit jeder Motion. In jeder Fußposition möglich. (change = Wechsel).

ballchange	Gewichtswechsel am Platz von einem Ballen auf den anderen.
heelchange	Gewichtswechsel von Ferse auf Ferse am Platz.
flat-flat (change)	(Gewichtswechsel von flachem Fuß auf flachen Fuß.
ball-stamp (change)	Gewichtswechsel vom Ballen des einen Fußes auf den anderen flachen Fuß. Oder umgekehrt.

Andere Möglichkeiten sind Wechsel von Ballen auf Ferse bzw. umgekehrt.

Andere 2-sound-Techniken.

skip	Ein step, gefolgt von einem hop auf demselben Fuß.
slide hop	Ein slide, gefolgt von einem hop auf demselben Fuß. In jeder Richtung.
pick-up change	Ein pick-up auf dem belasteten Fuß, mit anschließendem Landen auf den anderen Fuß.
trench	Das ist eine akrobatische Technik. Dabei werden neben den Beinen auch die Arme und der Oberkörper eingesetzt. Die Arme drehen sich fortwährend windmühlenartig. Der Oberkörper ist stark nach vorne geneigt (Collapse-Haltung). Die Fußbewegung ist folgende: slide back auf der Außenkante des belasteten Fußes. Das seitherige Spielbein übernimmt fast gleichzeitig mit dem slide das Gewicht und zwar an der Stelle, an dem der slide des anderen Fußes begonnen wurde. Der trench wird dann mit dem anderen Fuß fortgesetzt. (Nach SHIPLEY).
Parallels	Seitwärtsbewegung mit parallel geführten Füßen durch abwechselndes Drehen auf Fersen und Ballen, üblicherweise jeweils 1/4 Drehung. Gewicht auf einem Fuß oder beiden Füßen.
pigeon toes = rubberlegs	(Taubenzehen) Wechsel von: Fußpitzen und Knie zeigen nach innen (Fersen nach außen) und Fußpitzen und Knie zeigen nach außen (Fersen zusammen).

Techniken mit drei sounds

Vorbemerkung: Wenn hier im folgenden von 3-sound-Techniken geredet wird, dann bedeutet das nur, daß drei Schläge schon durch die Bezeichnung zu einer Einheit zusammengefaßt werden. Die Rhythmisierung Ist weitgehend frei.

Gewichtsübernahme beim 3. sound = Triple.

shuffle step	shuffle, gefolgt von einem step mit demselben Fuß.
shuffle leap	shuffle, gefolgt von einem leap (Sprung auf denselben Fuß).

riff step   riff, gefolgt von einem ball step

Weitere Triples (Beispiele):
>   riff – leap
>   riff – heelstand
>   heeldig – pick-up – step
>   heel beat – brush step rückwärts
>   brush vorwärts – ball beat – heeldrop
>   scuff – heel beat – balldrop
>   scuff – heel tap – ballstand
>   pick-up – toe tap (stab) – step

Gewichtsübernahme mit jeder Motion.

basic essence   Das ist die Grundtechnik des Soft Shoe. Basic essence ist technisch nichts anderes als eine dreifache Gewichtsverlagerung: step-ballchange. Ältere Form: flat step – ball step – flat step

3 Motionen ohne Gewichtsübernahme.

riffle   riff, gefolgt von einem back brush mit demselben Fuß (brush vorwärts – scuff vorwärts – back brush).

Weitere 3-sound-Motionen ohne Gewichtsübernahme (Beispiele):
>   shuffle – toe tap
>   riff – heel beat
>   pick-up – toe tap – scuff
>   scuff – heel tap – brush rückwärts

3-sound-Motione, dabei dritter sound mit dem belasteten Fuß.

three-tap-riff   Riff mit dem unbelasteten Fuß, gefolgt von einem heeldrop mit dem belasteten Fuß.

Weitere Beispiele:
>   RF shuffle – LF hop
>   RF shuffle – LF heeldrop
>   RF shuffle – LF balldrop
>   RF shuffle – LF chug
>   RF heel beat – RF pick-up – LF balldrop

Akrobatik und Sprünge.

belt   (eine Art Cabriole) Zusammenschlagen der Fersen in der Luft. Ausführung: RF stamp vor LF gekreuzt, beide Knie stark gebeugt (1). Linkes Bein zur Seite schwingen und gleichzeitig hop auf RF. Während sich beide Füße in der Luft befinden, werden die Fersen

	zusammengeschlager (2). Landen mit ball step wieder auf RF (3). Dasselbe beginnen mit LF.
over the top = glide	RF step diagonal rückwärts – LF wird zunächst ohne Gewicht zum RF zurückgeführt und versucht, diesen vom Platz zu ver-drängen. In dem Augenblick, in dem der LF beim RF angelangt ist, übernimmt der LF für kurze Zeit das Gewicht, der RF springt (leap) über den LF hinweg und übernimmt volles Gewicht. Körperhaltung: Oberkörper fast waagrecht nach vorn, Arme: ein Arm, hinten, der andere vorne, im Ellhogen angewinkelt. (Beschreibung nach DEXTER WRIGHT).
falling off the log mit 3 sounds	(Vom Baumstamm herunterfallen) Leap nach rechts auf den rechen Fuß, dabei linkes Bein gestreckt und gekreuzt vor rechtes Bein halten (1). Leap vorwärts auf linken Fuß, gleichzeitig rechtes Bein nach rechts seitwärts werfen (2), Leap vorwärts auf rechten Fuß, mit 1/4 Linksdrehung, gleichzeitig linkes Bein nach hinten ausstrecken (3). (Beschreibung nach SHIPLEY).
three-tap-wing	Ein outside slide auf dem belasteten Fuß (1. sound) mit anschlie-ßendem Hochspringen. Der zweite sound wird durch die Landung erzeugt. Der dritte sound entsteht durch einen inside slide desselben Fußes. Der nicht belastete Fuß wird mit in die Höhe seitwärts gerissen. »Der andere Fuß hilft bei der Erhebung, indem er zur Seite schwingt. Die Arme in den Ellbogen gebeugt, bewegen sich wie Vogelschwingen auf und ab und geben so der Figur ihren Namen (wing = Flügel)«. Beschreibung nach DEL WRIGHTs.

Verbindungen mit 4 sounds, außer Drehungen und Time Steps

Wir bringen hier zuerst diejenigen Viererverbindungen, die festgelegt sind und einen Namen besitzen.

single essence	Das ist eine Multiplikation des basic essence mit 3 sounds. Der erste step wird zu einem brush step multipliziert. Also: brush step (oder flap) vorwärts oder rückwärts – ballchange. Der essence kann weiter multipliziert werden, siehe unter Abschnitt: 5-Sound-Verbindungen.
falling off the log mit 4 sounds	An die im Abschnitt »Techniken mit 3 sounds« beschriebene Bewegungsfolge wird noch ein vierter leap (4.sound) angeschlossen. Dieser leap wird folgendermaßen ausgeführt: das nach hinten ausgestreckte linke Bein mit einem leap zum rechten Bein bringen, welches sich gleichzeitig nach vorne in die Luft erhebt. Dabei 1/4 Rechtsdrehung.

riff walk	RF riff vorwärts – RF heel dig – RF ball-drop. Das Gewicht wird erst beim 4. sound übernommen = quadruple.
	Der riff walk kann weiter multipliziert werden, siehe Abschnitt »Verbindungen mit 5 sounds«.
grapevine	Das ist eine Seitwärtsbewegung.
	Beispiel: RF seitwärts – LF vor RF kreuzen – RF wieder seitwärts – LF hinter RF kreuzen.
	Alle vier Schritte sind ausgesprochen kleinräumig.
Buffalo	Der Buffelo ist in der üblichen Ausführung eine Seitwärtsbewegung, er kann aber auch am Platz getanzt werden. Die Grundform ist step (bzw. leap) plus shuffle step, oder umgekehrt: shuffle step plus step.
	Beispiel: leap nach rechts auf den RF – shuffle step LF, gekreuzt hinter RF.
	Der Buffelo kann weiter multipliziert werden, siehe Abschnitt »Verbindungen mit 5 sounds«.
cramproll	besteht aus vier harten trommelartigen sounds, von denen zwei mit Ballen und zwei mit Ferse ausgeführt werden.
	Beispiel: RF ball step – LF ball step – RF heeldrop LF heeldrop Einer der ball steps oder beide können auch als flap ausgeführt werden, dann erhalten wir eine 5-sound- bzw. eine 6-sound-cramproll.
Irish	Eine Verbindung von shuffle – hop – step in jeder beliebigen Richtung und Rhythmisierung (Zählweise). Back Irish wird auch als carryback, Front Irish als carryover oder erossover bezeichnet.

4-sound-Verbindungen mit festgelegten Einzelmotionen

Gewichtsübernahme mit -der-4. Motion = Quadruple (Beispiele).
shuffle rückwärts begonnen – heel beat – balldrop
heel beat – pick-up – toe tap rückwärts gekreuzt – step
heel beat – ball tap – ball beat – heeldrop

4-sounds ohne Gewichtsübernahme.
shuffle – riff
riff – heel beat – ball beat
scuff – shuffle – heel beat

4-sound-Verbindungen, Zwischensound mit belastetem Fuß.
shuffle – chug – step
shuffle – hop – toe tap rückwärts gekreuzt
shuffle – heeldrop – step

Verbindungen mit fünf sounds

Wir bringen hier nur diejenigen Fünferverbindungen, die festgelegt sind und einen Namen besitzen.

5-sound-essence	besteht aus brush step – brush – step – step. Die beiden letzten steps bilden einen footchange.

                   Beispiel: LF brush step rückwärts
                                  RF brush vorwärts
                                  RF step vor LF gekreuzt
                                  LF step

Zählweise: und 1 und e 2 oder und e de e 1.

Virginia essence Beispiel: LF brush step rückwärts
                                  RF brush vorwärts
                                  RF heel step vor LF gekreuzt
                                  LF step

Zählweise wie bei 5-sound-essence.

5-tap riff walk besteht aus einem riff, einem heeldrop mit belastetem Fuß, einem heel beat oder heel step mit dein unbelasteten Fuß, gefolgt von einem balldrop.
Beispiel: RF riff – LF heeldrop – RF heel beat oder heel step – RF balldrop

Buffalo mit 5 sounds Der step oder leap des 4-sound Buffalo wird zu einem flap oder brush leap multipliziert.

Maxie Ford besteht aus shuffle – pick-up change – toe tap.
Beispiel: RF shuffle diag. rückwärts nach rechts, dabei linke Fußspitze anheben – LF pick-up – RF step – LF toe tap rückwärts gekreuzt.

graboff besteht aus einem shuffle, einem pick-up change und einem heeldrop.
Beispiel: RF shuffle – pick-up change LF auf RF - RF heeldrop.

Verbindungen mit sechs und mehr sounds

Wir geben von jetzt ab gebräuchliche Beispiele für die Rhythmisierung (Zählweise). Wir benutzen anstelle der in Kapitel eins angegebenen amerikanischen Bezeichnungen deutsche Silben: and = und

          a   = e

          da   = de.

essence mit	und 1	RF brush step
6 sounds	und e	LF shuffle
	de	LF step
	2	RF step

Wenn auch der brush step zu einem shuffle step multipliziert wird, bekommen wir einen essence mit 7 sounds.

riff walk	und 1	RF riff vw
mit 6 sounds	und	LF heeldrop
	e	RF heel dig
	de	RF balldrop
	2	RF heeldrop

riff walk	und e	RF riff vw
mit 7 sounds	1	LF heeldrop
	und	RF heel dig
	e	RF balldrop
	de	RF heeldrop
	2	LF heeldrop

Der riff walk kann bis zu 12 sounds multipliziert werden.

Double Irish	und 1	RF shuffle
	und	LF hop
	2	RF step
	und 3	LF shuffle
	und 4	LF-RF ballchange

pendulum Wing	1	LF hop
	und e	RF shuffle
	2	RF step gekreuzt vor LF
	3	LF brush vw
	und e 4	RF wing

hip wing	1	LF hop
	und e	RF shuffle
	2	RF step gekreuzt vor LF
	3	LF toe tap gekreuzt hinter RF
	und e 4	RF wing

Während des wing wird das unbelastete linke Bein mit knee raise bis in Hüfthöhe hochgezogen.

sunshine	und 1	RF flap
	und	LF tap vw
	2	RF chug vw
	und 3	LF flap rw
	und	RF tap rw
	e 4	RF-LF ballchange

military step — Jede sound-Folge mit militärischem Marschcharakter.
Beispiele:

1) und 1   RF shuffle
   und   LF hop
   e 2   RF flap
   und 3   LF flap
   und 4   RF flap

dasselbe wiederholen, aber mit LF beginnen.

2) Auch die cramproll wird gerne im military style benutzt:
   und   leap vw auf RF
   1   LF step vw
   und 2   LF heeldrop – RF heeldrop

dasselbe wiederholen, aber mit leap auf LF beginnen.

shim sham — ist eine Verbindung von schnell aufeinanderfolgenden shuffle steps. Die einzelnen shuffle steps werden folgendermaßen ausgeführt: shuffle zur Seite mit fast gestrecktem Bein. Knie des belasteten Beines stark gebeugt. Der folgende step führt flach gesprungen zurück zum Standbein, das sofort anschließend den nächsten shuffle step ausführt.
Beispiele:

mit 9 sounds

1 und 2	RF shuffle	step
3 und 4	LF shuffle	step
5 und 6	RF shuffle	step

mit 10 sounds

1 und 2	RF shuffle	step
3 und 4	LF shuffle	step
5 und	RF shuffle	
e 6	RF-LF ballchange	

mit 13 sounds

8 und 1	RF shuffle	step
2 und 3	LF shuffle	step
4 und	RF shuffle	
5 und	RF-LF ballchange	
6 und 7	RF shuffle	step

Time Steps and Breaks

Die meisten der heute noch gebräuchlichen Time Steps stammen noch aus der Zeit des klassischen Buck and Wing. (1880–1925). Sie gehören also zu den ältesten Schritt- und sound-Verbindungen des Tap Dance. In jenen Zeiten, in denen es noch keine brauchbaren Schallplatten für Tap Dance gab, waren die Time Steps unbedingt notwendig. Denn mit Hilfe dieser bewegungsmäßig und rhythmisch genau festgelegten Time Steps konnte der Tänzer das Tempo der ihn begleitenden Band immer wieder von neuem kontrollieren und festlegen. FLETCHER definiert den Begriff Time Step folgendermaßen: »Eine Kombination von tap clusters, einer festen Gruppe von taps, die ein bestimmtes rhythmisches Muster besitzen. Mit Hilfe der Time Steps wurde in den Zeiten der Minstrels und des Vaudeville, der frühen amerikanischen Revue, das Tempo des Tanzes festgelegt«. Die 20er Jahre waren das klassische Jahrzehnt der Time Steps. BILL BOJANGLES ROBINSON war berühmt für seinen dauernden Wechsel von freien tap-Kombinationen und festgelegten Time Steps.

Heute allerdings, Im Zeitalter der Schallplatte und vor allem des Tonbands, haben die Time Steps nicht mehr die Bedeutung wie früher. Aber die großen Tap-Künstler benutzen auch heute noch ihre eigene Band, ihren eigenen Pianisten, ihren eigenen Drummer. Denn nur so kann ein lebendiges Zwiegespräch von Tänzer und Musiker entstehen. Nur so kann es zu jenem erregenden gegenseitigen Heraustrommeln kommen, das typisch ist für den afrikanischen Tanz und das auch den großen Tap Dance charakterisiert.

So gut wie alle Time Steps sind multipliziert und synkopiert. Multiplikation bedeutet: aus einem step wird ein brush step, ein shuffle step usw. Synkopation Im Tap Dance bedeutet: ein step (Gewichtsverlagerung) wird ausgeführt an einer unerwarteten Stelle (off-beat). Dieser offbeat wird hörbar gemacht durch den stamp oder step. Als Beispiel diene zunächst der Single Time Step. Er endet:

und 3	=	LF brush step
und	=	RF stamp oder step.

Ein stamp auf »und« ist in europäischen Tänzen absolut ungebräuchlich.

Ein einzelner Time Step umfaßt nur einen einzigen Takt. Daher müssen in der Praxis die Time Steps mehrere Male wiederholt werden. Unter Umständen aber wird ein Time Step auch nur ein einziges Mal getanzt. Nach mehrfachen Wiederholungen kommt in der Regel ein musikloser Full Break, der ebenfalls festgelegt ist. Ein Full Break besteht aus zwei Takten und führt wieder zum normalen Akzent zurück. Eine klassische Kombination sind: sechs Takte Time Step und zwei Takte Break.

Andere Arten der Zusammenstellung von Time Steps und Breaks sind möglich und gebräuchlich. Die Association of American Dancing verlangt in ihrer von JUDY CHOLERTON ausgearbeiteten Prürungsordnung die Beachtung folgender Regeln. Nach einem oder drei oder fünf Time Steps folgt nur ein Half Break (1 Takt). Nach zwei oder vier oder sechs Time Steps folgt ein Full Break mit zwei Takten. Die Unterscheidung ist notwendig, wenn der Tänzer nach seinen Time Steps wieder auf den normalen beat zurückkommen will.

Erste Gruppe: Buck Time Steps und Buck Breaks.

Vorbemerkung: Die amerikanischen Tänzer beginnen ihre Buck Time Steps in der Regel mit der Zählweise 8 und. Sofern diese Zählweise benutzt wird, behalten wir sie in diesem Buch bei, da die betreffenden Time Steps festgelegt sind. Alle Buck Time Steps werden gebildet nach den Prinzipien der Multiplikation/Synkopation.

Single Buck Time Step

(7 sounds)

8 und	RF shuffle
1	LF hop
2	RF step
und 3	LF brush step
und	RF step (stamp)
dasselbe mit	LF beginnen:
4 und	LF shuffle
5	RF hop
6	LF step
und 7	RF brush step
und	LF step (stamp)

Single Standard or Buck Break

8 und	RF shuffle
1	LF hop
2	RF step
und 3 und	LF shuffle step
4 und	RF shuffle
5	LF hop
und 6	RF brush step
und	LF step
7	RF step

Double Buck Time Step

Dieser Time Step und dieser Break entstehen dadurch, daß jeweils der step auf zwei zu einem brush step oder flap multipliziert wird.

(8 sounds)

8 und	RF shuffle
1	LF hop
und 2	RF brush step
und 3	LF brush step
und	RF step
dasselbe wiederholen,	
aber mit LF beginnen	

Double Standard or Buck Break

8 und	RF shuffle
1	LF hop
und 2	RF brush step
und 3 und	LF shuffle step
4 und	RF shuffle
5	LF hop
und 6	RF brush step
und 7	LF step – RF step

Triple Buck Time Step

Dieser Time Step und dieser Break entstehen dadurch, daß jeweils der brush step auf und zwei zu einem shuffle step multipliziert wird.

(9 sounds)

8 und	RF shuffle
1	LF hop
und e 2	RF shuffle step
und 3	LF brush step
und	RF step
dasselbe wiederholen	
aber mit LF beginnen	

Triple Standard or Buck Break

8 und	RF shuffle
1	LF hop
und e 2	RF shuffle step
und 3 und	LF shuffle step
4 und	RF shuffle
5	LF hop
und 6	RF brush step
und 7	LF step – RF step

Double Triple Buck Time Step

Dieser Time Step entsteht dadurch, daß jetzt auch der brush step auf und 3 zu einem shuffle step multipliziert wird. Der Break ist derselbe wie beim Triple Buck Time Step.

(10 sounds)

8 und	RF shuffle
1	LF hop
und e 2	RF shuffle step
und e 3	LF shuffle step
und	RF step
dasselbe wiederholen, aber mit LF beginnen	

Damit die Synkopation der buck Time Steps klar wird, soll hier BEALE FLETCHER zitiert werden. Er schreibt speziell über den Double Triple Time Step: »Beachte, daß der letzte sound dieses Time Steps auf den ›und‹-beat **nach** der Zahl 3 fällt. Dieser ›und‹-sound, der stamp oder step hat den Hauptakzent. Die meisten Anfänger folgen ihrer natürlichen Neigung und legen den Hauptakzent auf den stamp oder step mit der Zahl 3. Dadurch aber geht die Synkopation verloren. Wer so tanzt, ›schmeißt‹ zudem noch den ganzen Takt aus dem Rhythmus. Der Buck Time Step legt den letzten step auf den ›inbetween beat‹ (also den offbeat), der nach Zahl 3 folgt.«

Zweite Gruppe: Die speziellen Offbeat oder Negro Time Steps.

Vorbemerkung: Sie unterscheiden sich von den eben geschilderten Buck Time Steps nur dadurch, daß anstelle des shuffle mit rechtem Fuß (8 und) ein betonter slam tritt.

Single Offbeat oder Negro Time Step (6 sounds).

8	RF betonter slam
1	LF hop
2	RF step
und 3	LF brush step
und	RF ste p

Beim **Double Offbeat Time Step** wird aus dem step auf 2 ein brush step (7 sounds).
Beim **Triple Offbeat Time Step** wird aus diesem brush step ein shuffle step (8 sounds).
Beim **Double Triple Time Step** wird zusätzlich noch aus dem brush step auf und 3 ein shuffle step.

Dritte Gruppe: Traveling Time Steps (Time Steps mit Raumbewegung).

8 und	RF shuffle
1	RF step
und 2	LF shutfle
und 3	LF-RF ballchange, Bewegung nach rechts
und 4	LF-RF ballchange, Bewegung nach rechts
5	RF hop
6	LF step
und 7	RF shuffle
und	RF step

Durch Multiplikation wird ein Double und ein Triple Time Step erzeugt: aus dem step auf 6 wird ein brush step bzw. ein shuffle step.

Vierte Gruppe: Toe Tap Time Steps.

8 und	RF shuffle
1	LF hop
und	RF toe tap gekreuzt hinter LF
2	RF step gekreuzt hinter LF
und 3	LF brush step
und	RF step

Double Toe Tap Time Step

8 und	RF shuffle
1	LF hop
und	LF heeldrop
e	RF toe tap gekreuzt hinter LF
2	RF step gekreuzt hinter LF
und 3	LF brush step
und	RF step

Fünfte Gruppe: Wing Time Steps.

and	RF brush rw
1	LF hop
2	RF step
und 3	LF brush step
und e de	RF wing
4	LF slam vw

Der **Double Wing Time Step** entsteht durch Multiplikation des step auf 2 zu einem brush step (und 2).

Beim **Triple Wing Time Step** wird daraus ein shuffle step (und e 2).

Sechste Gruppe: Cramproll Time Steps.

und	RF brush rw
1	LF hop
2	RF step rw
und 3	LF brush step vw
und	RF step vw
e	RF heeldrop
4	LF slam vw

Beim **Double Cramproll Time Step** wird aus dem step auf 2 ein brush step (und 2).

Beim **Triple Cramproll Time Step** wird aus diesem ein shuffle step (und e 2).

Beim **Double Triple Time Step** wird zusätzlich noch aus dem brush step auf und 3 ein weiterer shuffle step (und e 3).

Siebte Gruppe: Soft Shoe Time Steps.

Der Soft Shoe Time Step benutzt den 5-sound-essence. Der simple Soft Shoe Time Step besteht aus Seitwärtsbewegungen, die nach links bzw. nach rechts gehen. Im folgenden Beispiel beginnen wir mit dem linken Fuß und bewegen uns nach links.

und 1	LF brush step
und e	RF brush step
2	LF step seitwärts

mit dem folgenden essence beginnen wir mit dem rechten Fuß und bewegen uns nach rechts.

und 3	RF brush step
und e	LF brush step
4	RF step seitwärts

Advanced Soft Shoe Time Step

(Soft Shoe Time Step für Fortgeschrittene).

Auch dieser Time Step Ist aufgebaut auf dem essence. Aber die ganze Bewegungsfolge ähnelt einem multiplizierten grapevine, der aber am Platz getanzt wird. Es ist dieser Time Step, der in allen Soft Shoe-Routines häufig benutzt wird.

und 1	LF brush step hinter RF gekreuzt
und e	RF brush step sw
2	LF step vw
und e 3	RF shuffle step gekreuzt hinter LF
und e	LF brush step sw
4	RF step vw
und e 5	LF shuffle step gekreuzt hinter RF
und e	RF brush step sw
6	LF step vw
und e 7	RF shuffle step gekreuzt hinter LF
und e	LF brush step sw
8	RF step vw

Achte Gruppe: Waltz Clog Time Steps (3/4 Takt).

Diese Gruppe ist die einzige unter den Time Steps, die weißen Ursprungs ist. Das wird schon durch den Walzertakt und den Clog bewiesen.

Single Waltz Clog Time Step (5 sounds).

1	RF step (stamp oder leap)
und 2	LF shuffle
und 3	LF-RF ballchange

dasselbe wiederholen, aber mit LF beginnen.

Beim **Double Waltz Clog Time Step** wird aus dem step auf 1 ein brush step (und 1).

Advanced 1. Waltz Clog Time Step

Dieser besteht aus einem brush step, einem shuffle step, einem heelchange.

und 1	RF brush step
und 2 und	LF shuffle step
e	LF heeldrop
3	RF heeldrop

Drehungen (turns)

Es gibt im Grunde nur drei Arten von Drehungen:
1. Ein Fuß bleibt während der Drehung am Boden.
2. Beide Füsse bleiben während der Drehung am Boden.
3. Beide Füsse befinden sich während der Drehung in der Luft.

Gruppe 1

Wir unterscheiden hier wieder zwischen zwei Arten
    a) step turns
    b) pivot turns
1 a) **Step turns** (Mehrschrittdrehungen).

Eine step turn kann mit beliebig vielen steps jeder Art getanzt werden. Die steps können dabei drehenderweise am Platz ausgeführt werden. Sie können aber auch als Fortbewegung auf gerader Linie oder in Kreisform ausgeführt werden. Möglich sind sowohl Rechts- als auch Linksdrehungen. Jede dieser Drehungen kann sowohl mit linkem Fuß als auch mit rechtem Fuß begonnen werden.

Beispiele:

Step turn mit 3 steps auf Linie nach rechts.

1	RF step sw, dabei 1/2 Rechtsdrehung auf RF
2	LF step sw, dabei 1/2 Rechtsdrehung auf LF
3	RF step sw
4	clap hands

Dasselbe kann auf Linie nach links wiederholt werden. In diesem Fall beginnt der linke Fuß mit einer Linksdrehung.

Step turn mit 6 steps.

Mit 6 steps im Uhrzeigersinn oder gegen Uhrzeigersinn eine Kreisform ausführen.

Die steps der Mehrschrittdrehung können mit allen uns bekannten Fuß-Techniken beliebig multipliziert werden.

Beispiele:

step turn mit 3 multiplizierten steps auf Linie nach rechts.

und e 1	RF flap – heeldrop, dabei 1/2 Rechtsdrehung ausführen
und e 2	LF flap – heeldrop, dabei 1/2 Rechtsdrehung ausführen
und e 3	RF flap – heeldrop seitwärts
4	clap hands

Step turn mit 6 multiplizierten steps.

Im Uhrzeigersinn rechtsdrehend eine Kreisform ausführen.

und e	RF riff
de	LF heeldrop
1	RF flat step
und e de 2	dasselbe wiederholen, aber mit LF beginnen
und e de 3	dasselbe wiederholen, aber mit RF beginnen
und e de 4	dasselbe wiederholen, aber mit LF beginnen
und e de 5	dasselbe wiederholen, aber mit RF beginnen
und	LF ball beat seitwärts
6	LF heeldrop mit Gewicht

1 b) Pivot turns

Während step turns mit mehreren Schritten (mindestens zwei) ausgeführt werden, werden die verschiedenen pivot turns immer nur mit einem einzigen Bein (Standbein) ausgeführt. Die bekannteste dieser pivot turns ist die Pirouette. Dabei muß der Körper mit einem einzigen Schwung um die eigene Achse gedreht worden und damit eine ganze Drehung ausführen.

Beispiele:

1. Tap-Kombination mit einer Pirouette.

1	Gewicht auf LF übertragen, Linksdrehung einleiten
und e	Pirouette auf LF, gleichzeitig mit RF einen shuffle seitwärts ausführen
2	RF point seitwärts

2. Tap-Kombination mit einer Pirouette.

1 und	Links-Pirouette auf LF, dabei mit RF einen toe tap gekreuzt hinter LF ausführen
e 2	LF hop – RF stamp am Platz

Gruppe 2: Spiraldrehungen.

Dabei befinden sich beide Füße ständig auf dem Boden. Eine Spiraldrehung beginnt und endet in gekreuzter Fußposition.

Tap-Kombination mit Spiraldrehung

1   LF ball beat gekreuzt hinter RF

2   1/1 Linksdrehung auf Ballen beider Füße. Während der Drehung wird das Gewicht kontinuierlich mehr und mehr auf den LF übertragen, und am Ende der Drehung hat dieser das volle Gewicht übernommer. Der LF befindet sich jetzt vorne, der RF ist hinter dem LF eingekreuzt.

Gruppe 3: Air turns (Luftdrehungen).

Bei air turns handelt es sich um gedrehte Sprünge. Beide Beine befinden sich dabei in der Luft. Wir unterscheiden zwischen hop turns, leap turns und jump turns.

Beispiel:

Hop turn mit Bell-Technik. Gewicht auf LF.

1   RF step gekreuzt vor LF, Linksdrehung einleiten, in die Luft springen und eine ganze Linksdrehung ausführen. Während sich beide Beine in der Luft befinden, beide Fersen zusammenschlagen (bell)

2   Landen auf RF.

Kopf- und Arm-Bewegungen als Unterstützung von Drehungen.

Drehungen werden durch schnelle Bewegung des Kopfes in Richtung der Drehung vorteilhaft eingeleitet bzw. unterstützt. Außerdem werden Kopfbewegungen bei Drehungen auch aus rein optischen Gründer, für Show-Effekte benützt.

Auch die Arme sind wichtig für die Einleitung von Drehungen. Diese werden erleichtert und unterstützt, wenn ein Arm oder beide Arme mit einer schnellen. Bewegung in die Richtung der beabsichtigten Drehung geführt werden.

Natürlich können auch die Arme zusätzlich für dekorative Show-Zwecke eingesetzt werden.

Armbewegungen im Tap Dance

Vorbemerkung: Die meisten Lehrbücher über Tap Dance unterschlagen die Armbewegungen. Nur wenige Autoren reden davon. Aber auch in diesen seltenen Büchern werden die Armbewegungen nicht als technisch notwendige Motionen behandelt, sondern als Mittel seelischen Ausdrucks oder als Show-Element. In unserem Buch aber werden nur diejenigen Armbewegungen vorgestellt, die technisch notwendig sind, die also vor allem der Balance und der Unterstützung von Drehungen dienen. Die Behandlung der anderen Aspekte muß hier wegfallen, denn das würde zu weit führen. Wir können auch nicht auf diejenigen Armbewegungen eingehen, die aus anderen Tanzstilen, z. B. dem klassischen Ballett, in den Tap Dance gelegentlich übernommen werden.

Gerade wenn wir die Armbewegungen nur unter dem rein technischen Aspekt betrachten, stellen wir fest, daß Arme und Hände im Tap Dance keinen Augenblick ruhig gehalten werden. Im Gegenteil ist es notwendig, daß alle Bein- und Körperbewegungen von Armbewegungen begleitet sind. Vor allem bei gleichmäßig wiederkehrenden Schrittverbindungen, wie z. B. Time Steps, dienen kontinuierlich kreisende Bewegungen der Unterarme der Ausführung einer kontinuierlichen Bein- und Fußarbeit.

Wichtig ist, daß im Tap Dance jede übertriebene Spannung der Arme vermieden wird. Diese sollen vielmehr natürlich gelockert sein. Sie sind nie ganz gestreckt, sondern immer im Ellbogen und Handgelenk leicht gebeugt. Die Schultern sind an den Armbewegungen beteiligt.

Versuch einer Systematisierung der Armbewegungen.

Nur das klassische Ballett besitzt ein einigermaßen brauchbares terminologisches System für Armhaltung und Armbewegungen. Ein solches System existiert im Tap Dance bis jetzt überhaupt nicht. Sofern die Armbewegungen überhaupt bis jetzt in der Literatur (FLETCHER, RAYE, CHOLERTON) systematisiert wurden, wurden sie nur in ihrem Verhältnis zueinander untersucht, nicht aber im Verhältnis zum Körper und zu den Beinen. Wir versuchen im folgenden zum ersten Mal ein System der technisch notwendigen Armbewegungen, zu geben, und zwar so, daß diese im Verhältnis zu den Körper- und Beinbewegungen gesehen werden.

Grundhaltung.

Beide Arme werden so gehalten, daß die Oberarme an den Körperseiten schräg nach unten zeigen. Die Unterarme jedoch zeigen fast waagrecht leicht nach außen, die Hände können dabei wieder speziell isoliert gehalten werden. Die Handfläche zeigt nach unten. Aus dieser Position ist es jederzeit möglich, die Arme so einzusetzen, daß sie Fuß- und Beinmotionen ausbalancieren.

1. Gruppe: Gegenbewegung (Opposition) von Arm und Bein mit gleichzeitiger Gegenbewegung (Opposition) der Arme untereinander. Diese doppelte Opposition wird bei Vorwärts- und Rückwärtsbewegungen angewandt.

Beispiel: RF vorwärts belastet, linker Arm vorne, rechter Arm hinten.

Beispiel für eine Tap-Kombination mit Opposition:

RF brush step vorwärts, gleichzeitig linken Arm nach vorne, rechten Arm zurückschwingen;

LF brush step vorwärts, gleichzeitig rechten Arm nach vorne, linken Arm zurückschwingen.

Anmerkung: Die Armbewegung setzt spätestens mit Beginn der Fußmotion ein.

2. Gruppe: Mitbewegung (Parallelismus) von Arm und Bein. Arme und Beine bewegen sich bei der Vorwärts- und Rückwärtsbewegung gemeinsam in dieselbe Richtung.

Beispiel: rechtes Bein vorwärts, rechter Arm mit der ganzen rechten Körperseite nach vorn.

Beispiel für eine Tap-Kombination mit Parallelismus.

RF balldrop-Jazz Walk (heal beat – balldrop), gleichzeitig rechten Arm (überwiegend Unterarm) mit Handfläche nach oben nach vorne mitführen.

3. Gruppe: Koordination der Arme.
Es handelt sich hier um eine gleichzeitige Seitwärtsbewegung beider Arme. Beide Arme werden parallel zur gleichen Seite geschwungen, üblicherweise nicht über Schulterhöhe hinaus.

Von manchen amerikanischen Autoren wird auch diese Armführung als Parallelismus bezeichnet. Da dieser Begriff jedoch im Jazz Dance für das in der Gruppe 2 beschriebene Verhältnis von Armen und Beinen benutzt wird, halten wir uns an ZELIA RAYE, die für die parallel seitwärts geführten Arme den Begriff Koordination benützt.

Die Armbewegung setzt bei Koordination vor der Beinbewegung ein. Bei Seitwärtsbewegungen des Beins/Fuß ist es immer so, daß die Arme nach rechts schwingen, wenn der rechte Fuß eingesetzt wird. Dabei ist es gleichgültig, ob sich das rechte Bein nach rechts seitwärts oder nach links seitwärts bewegt.

Beispiele für Tap-Kombinationen mit Koordination.
1. Beide Arme schwingen seitwärts nach rechts, RF strut seitwärts (ball beat – heeldrop); beide Arme schwingen seitwärts nach links, LF strut seitwärts, gekreuzt über RF.
   Wenn dieselbe Kombination nach links seitwärts ausgeführt wird, schwingen die Arme nach links, bevor der linke Fuß seitwärts mit dem strut beginnt.
2. Arme schwingen seitwärts nach rechts,
   leap seitwärts auf RF;
   LF toe tap gekreuzt hinter RF, Armposition halten.
   Dasselbe wiederholen nach links, mit leap auf LF begonnen.

4. Gruppe: Schräg seitwärts hoch und tief gehaltene Arme. Durch eine Seitwärtsbeugung, des Oberkörpers z.B. auch verbunden mit einer gleichzeitigen Torsodrehung, werden die seitwärts waagrecht gehaltenen Arme so geführt, daß der eine Arm schräg nach unten, der andere schräg nach oben zeigt.

Beispiel: Der Oberkörper wird nach rechts seitwärts gebeugt, dadurch wird der rechte Arm schräg nach unten, der linke Arm schräg nach oben geführt. Beide Arme bilden eine Linie.

Beispiel einer Tap-Kombination.

Arme seitwärts ausstrecken, dann Oberkörper nach rechts beugen. Dadurch kommen die Arme in die schräge Position.

RF flap seitwärts;

LF toe tap gekreuzt hinter RF, Armposition halten;

RF heeldrop, Armposition halten.

Dasselbe wiederholen nach links, mit LF flap seitwärts begonnen. Oberkörperbeugung nach links und entsprechende Armführung.

5. Gruppe: Armschwünge.

Ganze kreisförmige Armschwünge sind technisch im Tap Dance nur für bestimmte Motionen nötig, so etwa für air turns und Windmühlenarme (windmill arms). Kleinere Schwünge der Arme oder nur des Unterarms jedoch sind notwendig bei allen Drehungen. Dabei führt der Armschwung jeweils in die beabsichtigte Drehrichtung.

Beispiel: Der vorwärts waagrecht gehaltene rechte Unterarm (Handfläche nach oben) wird mit einer schnellen Bewegung zum Körper herangeführt. Dieser Armschwung kann zur Einleitung für alle Drehungen benutzt werden.

Beispiel einer Tap-Kombination:

Armschwung wie eben beschrieben mit rechtem Unterarm, Pirouette mit Linksdrehung auf RF; LF flat step gekreuzt vor RF.

Drittes Kapitel

Praktische Übungen,
geordnet nach Schwierigkeitsgraden

Vorbemerkungen: Im zweiten Kapitel wurden die im Tap Dance gebräuchlichen Techniken jeweils einzeln behandelt. Nun aber muß der Student zunächst lernen, die verschiedenen Techniken durch häufiges Üben zu beherrschen. Da Tap Dance aber Tanz ist und nicht nur Technik, muß schon der fortgeschrittene Student weiter versuchen, die einzelnen von ihm erlernten Techniken auf verschiedenartige Weisen zu verbinden. Von ihm wird Spontaneität und Improvisationsfähigkeit erwartet. Mit anderen Worten heißt das: Der Schüler muß nicht nur schnelle Füße bekommen, sondern es werden auch Anforderungen an seinen Geist gestellt. Die vollständige Beherrschung der Technik aber ist die **Voraussetzung** für die freie schöpferische Entfaltung.

Der Einfacheit halber beginnen alle folgenden Übungen mit rechtem Fuß (RF). Prinzipiell können sie aber auch mit dem linken Fuß (LF) begonnen werden. Der Schüler des Tap Dance muß lernen, rechten und linken Fuß gleichmäßig zu trainieren. Für ihn gibt es keinen »linken Fuß«. Prinzipiell kann und soll auch jede Übung oft wiederholt werden, jeweils beginnend mit rechtem oder linkem Fuß.

Rhythmus, und zwar ein ungleichmäßiger Rhythmus, ist das Grundelelemt des Tap Dance. Der Anfänger wird natürlich eine gleichmäßige Zählweise verlangen und versuchen. Aber der fortgeschrittene Tap Dancer soll auch in seiner Rhythmisierung weitgehend frei improvisieren können. Diese individuelle Freiheit entfällt im Gruppentanz. Der Anfänger wird sich an die vom Lehrer angegebene Zählweise halten, er wird daher kaum die Musik selbst interpretieren. Der fortgeschrittene Tänzer aber muß lernen, seine sounds zunächst einmal **auf** die beats der Musik zu legen. Der große Tänzer wird zwar immer noch die Musik hören, aber gerade deshalb ist er in der Lage, seine sounds auch **gegen** die beats der Musik zu bringen. Auf alle Fälle gehört zum Tap Dance nicht nur technisches Können, sondern auch die Fähigkeit, Musik unmittelbar über das Gehör in sounds umzusetzen. Bei einem schnellen Tempo ist es überhaupt nicht mehr möglich, die sounds mit dem Verstand auszuzählen. Der Student des Tap Dance darf nicht nur sounds erzeugen wollen. Er muß vielmehr von Anfang an lernen, diese sounds in Verbindung mit der ihn begleitenden Musik zu hören.

Die folgenden Übungen sollen zu diesem Ziel hinführen. Die Zählweisen sind noch relativ einfach. Sie können aber jederzeit zu komplizierteren Mustern ausgebaut werden.

Folgende **Abkürzungen** werden in diesem und im nächsten Kapitel verwendet:

vw, rw, sw	=	vorwärts, rückwärts, seitwärts
RF, LF	=	rechter Fuß, linker Fuß
RB, LB	=	rechtes Bein, linkes Bein
re, li	=	rechts, links
RD, LD	=	Rechtsdrehung, Linksdrehung
diag.	=	diagonal
schl.	=	schließen
Pos.	=	Position
Xback, Xfront	=	gekreuzt hinter, gekreuzt vor
(1)	=	eine Zahl zwischen ( ) bedeutet Pause
oG	=	ohne Gewicht
gleichz.	=	gleichzeitig
dass.	=	dasselbe
wiederh.	=	wiederholen

Übung	Rhythmus	Beschreibung
1	1	RFball tap vw
	2	RF ball tap sw
	3	RFball step rw
	4	RF heeldrop

2	1	RF brush vw
	2	RF brush rw
	3	RF ball step sw
	und	LF ball steo schl. zum RF
	4	RF stamp sw

3	und 1	RF shuffle sw
	und 2	RF shuffle vw
	und 3	RF-LF ballchange
	4	RF stamp am Platz

4	und e	RF shuffle vw
	de	RF brush vw
	1	RF flat step Xfront LF

Übung	Rhythmus	Beschreibung
5	und 1	RF brush vw – RF stamp
	2	clap hands
	und 3	LF brush vw – LF stamp
	4	clap hands
	und	LF hop
	5	RF ball step
	6	clap hands
	und	RF hop
	7	LF ball step
	8	clap hande

6	1	RF stamp
	2	LF scuff
	3	LF stamp
	4	RF scuff
	5	RF ball step Xback LF
	und	LF ball step sw
	6	RF ball step am Platz
	7 und 8	dass. wie 5 und 6, aber mit LF beginnen

7	(1)	Pause
	und 2	RF-LF ballchange
	3	RF stamp
	4	LF stamp

8		4 sounds mit demselben Fuß:
	1 oder und	RF heel beat
	2 oder e	RF ball beat
	3 oder de	RF ball step
	4 oder 1	RF heeldrop

8		Anmerkung: Bei Wiederholung mit dem anderen Fuß, gleichzeitig mit dem 4, sound die Ferse des anderen Fußes anheben.

9	und 1	RF flap vw oder sw
	und	LF ball step schl. zum RF
	2	RF stamp

Übung	Rhythmus	Beschreibung
10	und 1	RF brush vw – RF flat step
	2	clap hands
	und 3	LF brush vw – LF flat step
	4	clap hands
	und 5	RF flap
	und 6	LF flap
	und 7	RF flap
	8	LF stamp
11	und 1	RF shuffle sw
	und 2	RF ball step Xfront LF – RF heeldrop
	und 3	LF shuffle sw
	und 4	LF ball step Xfront RF - LF heeldrop
	5	RF skid vw, am Ende Fuß in die Luft führen
	und 6	RF-LF ballchange
	7 (8)	RF stamp – Pause
12	(1)	Pause
	und 2	RF-LF ballchange
	3 4	RF flat step – LF flat step
	und 5	RF flap vw
	und 6	LF flap vw
	und 7	RF flap vw
	8	LF slam
13	und 1 und	RF shuffle – LF hop
	2 und 3	RF ball step – LF shuffle
	und 4	RF hop – LF ball step
	und 5	RF heel beat – RF ball beat
	und 6	RF ball step – RF heeldrop
	7 8	LF flat step – RF flat step
14	und	RF heel beat
	1	RF pick-up, sehr kleine Bewegung rw, gleichz. LF heelstand
	und	LF balldrop
	2 und	RF flap vw, sehr kleine Bewegung
	3	RF heeldrop
		Anmerkung: Bei Wiederholung mit dem anderen Fuß, gleichz. mit dem 6. sound die Ferse des anderen Fußes anheben. Diese Schrittfolge läßt sich sehr schnell tanzen (bis ca. 15 sounds/sec.), akzentuiert oder gleichmäßig.betont.

Übung	Rhythmus	Beschreibung
15	1	RF heel beat
	und	RF pick-up, sehr kleine Bewegung rw, gleichz. LF heelstand
	e	LF balldrop
	2 und	RF flap vw, sehr kleine Bewegung
	e	RF heeldrop
	3 4	LF scuff – LF slam
16	1	RF heel beat
	und	RF pick-up, sehr kleine Bewegung rw, gleichz. LF heelstand
	2	LF balldrop
	und 3	RF flap vw, sehr kleine Bewegung
	und	RF heeldrop
	4	LF heel beat
	und	LF pick-up, sehr kleine Bewegung rw, gleichz. RF heelstand
	5	RF balldrop
	und e	LF flap vw, sehr kleine Bewegung
	6	LF heeldrop
	und	RF heel beat
	e	RF pick-up, sehr kleine Bewegung rw, gleichz. LF heelstand
	7	LF balldrop
	8	RF flat step
17	und 1	RF flap
	und 2	LF flap
	und 3	RF flap
	4	LF stamp
	5 und	RF heel beat – RF ball beat
	e 6	RF ball step – RF heeldrop
	und e	LF heel beat – LF ball beat
	7 8	LF ball step – LF heeldrop
18	und	LF hop
	e 1	RF shuffle sw
	und	LF heeldrop
	2	RF toe tap Xback LF
	3	RF flat step sw
	4	RF heeldrop

Übung	Rhythmus	Beschreibung
19	und e	RF riff
	1	LF heeldrop
	und 2	RF heel beat – RF balldrop

20	und e	RF riff vw
	1	LF heeldrop
	und	RF heel tap vw
	e 2	RF strut vw

21	1 und	RF heel beat – RF ball beat
	2 und	RF ball step – RF heeldrop
	3 und	LF heel beat – LF ball beat
	4 und	LF ball step – LF heeldrop
	5 und	RF heel beat – RF ball beat
	e 6	RF ball step – RF heeldrop
	und e	LF heel beat – LF ball beat
	7 8	LF ball step – LF heeldrop

22		Parallels mit cramproll-Technik. Bei abwechseln-der 1/4 Drehung nach re und li:
	und e	LF heeldrop – RF heeldrop
	de 1	LF balldrop – RF balldrop

23	und 1	RF flap sw, gleichz. li Fußpitze heben
	und	LF pick-up
	2	RF heeldrop

24	und 1	RF flap vw
	und 2	LF flap vw
	und 3	RF flap vw
	und 4	LF flap vw
	5	RF ball step schl. zum LF
	und e	LF shuffle sw
	6	LF ball step schl. zum RF
	und e	RF shuffle sw
	7	RF ball step schl. zum LF
	8	RF hop

Übung	Rhythmus	Beschreibung
25		Double Time Step, variiert
	und 1	RF shuffle
	und	LF hop
	2 und	RF flap, hinter LF einkreuzen
	3	LF brush diag. vw nach links
	und 4	RF-LF ballchange

Multiplikationsübungen

Übung	Rhythmus	Beschreibung
26		**Multiplikationsübungen**
	1	1. RF flat step
	und 1	2. RF heel beat – RF balldrop
	und e 1	3. RF riff vw – RF flat step
	und e de 1	4. RF riff vw – RF heel beat – RF balldrop
	und e de e 1	5. RF riff vw – LF heeldrop – RF heel beat – RF balldrop
	und e de e e 1	6. RF riff vw – LF heeldrop – RF heel tap – RF strut vw

----

Übung	Rhythmus	Beschreibung
27	und	RF ball step diag. vw
	e	LF heeldrop
	1	RF heeldrop mit Gewicht

Übung	Rhythmus	Beschreibung
28	und e	RF flap diag.vw
	de	LF heeldrop
	1	RF heeldrop mit Gewicht

Übung	Rhythmus	Beschreibung
29	und e de	RF flap diag. vw – RF heeldrop
	e	LF heeldrop
	1	RF heeldrop mit Gewicht

Übungsfolgen im 3/4 Takt.

Übung	Rhythmus	Beschreibung
30	1	RF stamp vw
	2	LF ball step rw
	3	RF ball step schl. zum LF
	4 5 6	dass. wie 1–3, aber mit LF beginnen
	1 2 3	dass. wie 1– 3
	4	RF stamp vw
	5	LF bell step rw
	und	RF ball step schl. zum LF
	6	LF ball step am Platz
	und	RF ball step am Platz

Übung	Rhythmus	Beschreibung
31	1	RF leap sw nach re
	2	LF toe tap Xback RF
	3	RF hop
	4 5 6	dass. wie 1–3, aber mit LF beginnen
	und 1	RF flap vw
	und 2	LF flap vw
	und 3	RF flap vw
	und 4	LF shuffle
	und 5	LF-RF ballchange
	6	LF ball step

32	1	RF ball step am Platz
	und 2	LF shuffle diag. vw
	und 3	LF-RF ballchange
	4	LF bell step am Platz, LD einleiten
	5 6	RF brush vw – LF hop, dabei 1/1 LD

Feste Verbindungen.

Die nachfolgenden 4-sound-, 6-sound- und 8-sound-Folgen sind von mir zusammengestellt und finden in den nachfolgenden Übungen immer wieder Verwendung. Sie werden dort nicht mehr mit den einzelnen Techniken beschrieben.

4-sound-Folge

(Angewandt ab Seite 71)

4 sounds mit demselben Fuß:

    heel beat
    ball beat
    ball step
    heeldrop

Bei Wiederholung mit dem anderen Fuß, gleichzeitig mit dem 4. sound die Ferse des anderen Fußes anheben.

6-sound-Folge

(Angewandt ab Seite 71)

    RF heel beat
    RF pick-up, sehr kleine Bewegung rw, gleichzeitig heelstand LF
    LF balldrop
    RF flap vw, sehr kleine Bewegung
    RF heeldrop

Bei Wiederholung mit dem anderen Fuß, gleichzeitig mit dem 6. sound die Ferse des anderen Fußes anheben.

8-sound-Folge
(Angewandt ab Seite 77)

RF heel beat
RF pick-up, sehr kleine Bewegung rw, gleichzeitig heelstand LF
LF balldrop
RF flap vw, sehr kleine Bewegung
LF brush vw, sehr kleine Bewegung
LF ball tap
RF heeldrop

Übung	Rhythmus	Beschreibung
33	1	RF ball step
	2	LF ball step
	3	RF stamp
	4	Pause oder clap hands
34	und 1	a) RF balldrop Jazz Walk vw
	und 2	LF balldrop Jazz Walk vw
		Arme: Gegenbewegung
	und 1	b) RF balldrop Jazz Walk sw
	und 2	LF balldrop Jazz Walk schl. zum RF
		Arme: Koordination
	und 1	c) RF ball drop Jazz Walk sw
	und 2	LF balldrop Jazz Walk Xfront RF
		Arme: Koordination
35	1 2	RF ball beat – RF heeldrop (strut).
		Richtung: vw, sw, rw
		Arme: Gegenbewegung
36		Mit struts ein Rechtscarré beschreiben (Rock-Musik):
		4 mal strut vw, mit RF beg.
		4 mal strut sw, mit RF nach re beginnen
		4 mal strut rw, mit RF beg.
		4 mal strut sw, mit RF nach li beginnen. Arme: Bei Vorwärts- und Rückwärtsbewegung = Gegenbewegung, bei Seitwärtsbewegung = Koordination

Übung	Rhythmus	Beschreibung
37	a) + 1	RF ball beat vw – RF heeldrop
	+ 2	RF ball beat sw – RF heeldrop
	3 4	RF ball step rw – RF heeldrop
	-------------------------------	
	b) 1 2 und 3 4	balltap vw, balltap sw, step rw – heeldrop, clap
	-------------------------------	
38	a) 1	RF brush diag. vw
	2	RF brush rw
	3 4	RF brush vw – RF brush rw
	5	RF ball step sw
	6	LF ball step schl. zum RF
	7	RF stamp am Platz
	8	clap hands
	-------------------------------	
	b) 1 2 3 4	
	5 und 6	
	(7 8) Pause	
	-------------------------------	
	c) 1 2 3 4	
	und 5 6	
	(7 8) Pause	

39	a) 1 2 3	RF shuffle – RF ball step sw
	und	LF ball step schl. zum RF
	4	RF stamp
	-------------------------------	
	b) und 1	
	2 3 4	
	-------------------------------	
	c) und 1	
	2 und 3	
	4	clap hands

40	und 1	RF shuffle vw
	2	RF-ball step sw
	und 3	LF-RF ballchange
	4	RF heeldrop

41	und 1	RF shuffle vw
	und 2	RF-LF ballchange
	3	RF stamp
	4	clap hands

Übung	Rhythmus	Beschreibung
42	und 1	RF shuffle vw
	und 2	RF-LF ballchange
	3	RF ball step sw
	und 4	LF-RF footchange ball-flat am Platz

43	und 1	RF shuffle sw
	und 2	RF shuffle vw
	und 3	RF-LF ballchange
	4	RF stamp am Platz

44	und 1	RF shuffle diag. vw
	und 2	RF shuffle vw
	3	RF ball step sw
	und	LF ball step schl. z. RF
	4	RF stamp am Platz

45	a) und 1	RF shuffle diag. vw
	und	RF ball step Xfront LF
	2	RF heeldrop

----

b) und 1 und 2   in Rückwärtsbewegung, d. h. den ball step an-
statt Xfront = Xback ausführen.

Arme: Gegenbewegung oder Koordination

46	a) auf 3/4 Takt Musik	
	1	ball step
	2	ball step
	3	stamp

----

b) dass. auf 4/4 Takt Musik
    1 2 3 4 – 1 2 3 4 – 1 2 3 4
unterstrichener sound = stamp

| 47 | und 1 | RF brush vw – RF stamp |
| | 2 | clap hands |

48	und	RF hop
	1	LF step
	und 2	LF hop – RF step
	und 3	RF hop – LF step
	und 4	LF-RF ballchange

Übung	Rhythmus	Beschreibung
49	1	RF stamp
	2	LF scuff, Arme: Gegenbewegung
	3	LF stamp
	4	RF scuff,- Arme: Gegenbewegung
	5 und	RF ball step Xback LF, heeldrop
	e	LF ball step sw, Arme: Koordin.
	6	RF ball step am Platz
	7 und e 8	dass. wie 5 und e 6. aber mit LF beginnen
50	und 1	RF brush vw – RF stamp
	2	clap hands
	und 3	LF brush vw – LF stamp
	4	clap hands
	und	LF hop
	5	RF ball step
	6	clap hands
	und	RF hop
	7	LF ball step
	8	clap hands
51	(1)	Pause
	und 2	RF-LF ballchange
	3 4	RF stamp – LF stamp
52	step turn nach rechts auf einer Linie, 1/1 RD., einleiten durch kleinen Armschwung	
	1 2 3	RF ball step sw – LF ball step schl. – RF ball step sw
	4	RF heeldrop, Arme: Koordination nach re
53	step turn nach rechts auf einer Linie, 1/1 RD, einleiten durch kleinen Armschwung. Torso dreht etwas mehr nach re	
	a) 1 2 3	RF ball step – LF ball step schl. zum RF – RF stamp sw
	4	clap hands
	b) 1 und 2	step turn
	3 4	clap hands – clap hands

Übung	Rhythmus	Beschreibung
54	a) und 1	RF flap diag. vw oder sw
	und	LF ball step schl. Xback RF, Fußspitze zeigt nach li
	2	RF stamp diag. vw
	------------------------------	
	b) und e	
	de 1	

		Arme:
		1) Gegenbewegungx dabei Oberkörper nach li beugen
		2) Mitbewegung, dabei Oberkörper nach re beugen

55	und 1	RF brush diag. vw – RF flat step. Arme: Koordination nach re
	2	clap hands
	und 3	LF brush diag. vw – LF flat step. Arme: Koordination nach li
	4	clap hands
	und 5	
	und 6 }	RF flap – LF flap – RF flap
	und 7	
	8	LF stamp

56	a) (1)	Pause
	und 2	RF-LF ballchange
	3 4	RF flat step – LF flat step
	und 5	
	und 6 }	RF flap vw – LF flap vw – RF flap vw
	und 7	
	8	LF slam
	------------------------------	
	b) (1)	
	und 2	
	3 4 (5)	
	und 6	
	und 7	
	und e 8	

Übung	Rhythmus	Beschreibung
57	und	RF hop, Knie stark beugen
	1	LF ball beat sw, Bein fast strecken, li Arm nach unten führen
	und	LF hop, Knie stark beugen
	2	RF ball beat sw, Bein fast strecken, re Arm nach unten führen
	und	RF hop, Knie stark beugen
	3	LF ball beat sw, Bein fast strecken, li Arm nach unten führen
	und e de 4	cramproll, mit LF beginnen
		Bei dieser Variation den Oberkörper stark nach vorne beugen.
58	und 1	RF shuffle vw, Arme: Gegenbew.
	und	LF hop, Armpos. halten
	2	RF ball step, Armpos. halten
	und 3	LF shuffle vw, Arme: Gegenbew.
	und	RF hop, Armpos. halten
	4	LF ball step, Armpos. halten
	und 5 ⎫ und 6 ⎭	4-sound-Folge, Armpos. halten
	7 8	LF flat step – RF flat step
59	1 und e ⎫ 2 und e ⎭	6-sound-Folge, mit RF beg.
	3 4	LF scuff – LF slam
60	1 und 2 ⎫ und 3 und ⎭	6-sound-Folge, mit RF beg.
	4 und 5 ⎫ und e 6 ⎭	6-sound-Folge, mit LF beg.
	und	RF heel beat
	e	RF pick-up, sehr kleine Bewegung rw, gleichz. LF heelstand
	7	LF balldrop
	8	RF flat step

Übung	Rhythmus	Beschreibung
61	a) und 1 und 2 $\Big\}$ und 3	RF flap – LF flap – RF flap
	4	LF stamp
	5 und e 6 $\Big\}$	4-sound-Folge, mit RF beg.
	und e 7 8 $\Big\}$	4-sound-Folge, mit LF beg.
	-------------------------------	
	b) (1) und 2 und 3 und e 4 5 und e 6 und e 7 8	

62	und 1 und e 2	RF side brush nach re – RF ball step LF side brush nach re Xfront RF – LF ball step RF ball step rw am Platz
	-------------------------------	
63	a) und 1 und 2	RF flap sw, gleichz. li Fußpitze heben LF pick-up RF heeldrop
	und 3 und 4 $\Big\}$	dass. wiederholen, aber mit LF beginnen
	und 5 und e 6	RF flap sw LF side brush nach re LF step schl. zum RF RF stamp sw
	und 7 und e 8 $\Big\}$	und 5 bis 6 wiederholen, aber mit LF beginnen
	-------------------------------	
	b) und e 1 2 und e 3 4 und e de e 5 (6) und e de e 7 (8)	

	Arme: Koordination oder Gegenbewegung	

Übung	Rhythmus	Beschreibung
64	und 1	RF shuffle sw, Arme: Gegenbew.
	und 2	RF ball step Xfront LF – RF heeldrop
	und 3	LF shuffle sw, Arme: Gegenbew.
	und 4	LF ball step Xfront RF – LF heeldrop
	5	RF skid vw, am Ende Fuß in die Luft führen, Arme: Gegenbew.
	und 6	RF-LF ballchange
	7 (8)	RF stamp – Pause

65	a) und	LF hop
	e 1	RF shuffle sw
	und	LF heeldrop
	2	RF toe tap Xback LF, Arme: Gegenbewegung
	3	RF flat step sw, li Arm vw, re Arm rw
	4	RF heeldrop

----

b) und e de	
e 1	
(2 3)	
und 4	

66	a) und 1	
	und 2	RF flap vw – LF flap vw, RF flap vw – LF flap vw
	und 3	
	und 4	
	5	RF ball step schl. zum LF
	und e 6	LF shuffle sw – LF ball step schl. zum RF. Arme: Gegenbew.
	und e 7	RF shuffle sw – RF ball step schl. zum LF. Arme: Gegenbew.
	8	RF hop

----

b) und 1 und 2 und 3 und 4	
(5) und	
e	6 und e 7 und
8	

67	und 1 2	RF riff – RF stamp. Arme: Gegenbewegung oder Mitbewegung

----

Übung	Rhythmus	Beschreibung
68	a) und e	RF riff, Arme: Gegenbewegung
	1	LF heeldrop, Armpos. halten
	2	RF flat step, Armpos. halten
	------------------------------	
	b) und 1 und 2	
	c) und e de 1	

69	a) 1 und ⎫ 2 und ⎭	4-sound-Folge, mit RF beg.
	3 und ⎫ 4 und ⎭	4-sound-Folge, mit LF beg.
	5 und ⎫ e 6 ⎭	4-sound-Folge, mit RF beg.
	und e ⎫ 7 8 ⎭	4-sound-Folge, mit LF beg.
	----------------------------	
	b) und e de 1	
	und e de 2	
	und e de e	
	3 und e 4	

70	step turn nach rechts auf einer Linie, 1/1 RD einleiten durch kleinen Armschwung. Oberkörper dreht etwas mehr nach re	
	a) 1 2 3	RF ball step sw – LF ball step schl. zum RF – RF ball step sw
	und	LF ball step schl. zum RF
	4	RF stamp sw (lunge), Arme: Koordination
	-------------------------	
	b) 1 2 und	
	3 4	

71	und e	RF shuffle vw, Arme: Gegenbew.
	de	RF brush vw, Armpos. halten
	1	RF flat step, Armpos. halten

72		cramproll
	und e	RF leap (ball) – LF leap (ball)
	de 1	RF heeldrop – LF heeldrop

Übung	Rhythmus	Beschreibung
73	a) und e	RF flap
	de	LF ball step
	e 1	RF heeldrop – LF heeldrop
	------------------------------	
	b) und 1 und e 2	
	c) und e de 1 2	

74		Parallels mit cramproll-Technik.
		Bei abwechselnder 1/4 Drehung nach re und li:
	und e	LF heeldrop – RF heeldrop
	de 1	LF balldrop – RF balldrop
		Arme: re Arm vorne bei RD der Füße, li Arm vorne bei LD der Füße.
		Die abwechselnden Drehungen nach re und li können auch durch Drehen des Beckens (hip twist) eingeleitet werden.

75	a) und e	RF riff
	1	LF heeldrop
	und 2	RF heel beat – RF balldrop
		Arme: Gegenbewegung oder Mitbewegung
	------------------------------	
	b) und 1 und e 2	
	c) und e de e 1	

76	a) und e	RF riff vw
	1	LF heeldrop
	und	RF heel tap vw
	e 2	RF strut vw
		Arme: Gegenbewegung oder Mitbewegung
	------------------------------	
	b) und 1 und e de 2	
	c) und e de e 1 2	

Übung	Rhythmus	Beschreibung

77	Double Time Step, variiert	
	a) und 1	RF shuffle
	und	LF hop
	2 und	RF flap, hinter LF einkreuzen
	3	LF brush diag. vw nach li
	und 4	RF-LF ballchange

| | b) und 1 und 2 und e de 3 |
| | c) und e de 1 und 2 und 3 |

Bei mehrmaliger VViederholung kann diese Schrittfollge auch mit Rückwärts- oder Vorwärtsbewegung und auch mit Drehung nach rechts oder links am Platz getanzt werden.

Variationen im 3/4 Takt

78	1	RF stamp vw
	2	LF ball step rw
	3	RF ball step schl. zum LF
	4 5 6	dass. wie 1–3, aber mit LF beginnen
	1 2 3	dass. wie 1–3
	4	RF stamp vw
	5	LF ball step rw
	und	RF ball step schl. zum LF
	6	LF ball step am Platz
	und	RF ball step am Platz

79	1	RF stamp
	2	LF scuff in knee raise
	3	RF heeldrop

80	1	RF stamp
	2	LF scuff
	3	RF chug

81	1	RF stamp
	2	RF chug, dabei mit LF Kick vw
	3	RF chug, dabei mit LF Kick vw

Übung	Rhythmus	Beschreibung
82	1	RF stamp
	und	LF scuff
	2	RF chug
	3	LF stamp
83	1	RF leap sw nach re
	2	LF toe tap Xback RF
	3	RF hop
	4 5 6	dass. wie 1 bis 3, aber mit LF beginnen
	und 1 ⎫	
	und 2 ⎬	RF flap vw – LF flap vw, RF flap vw
	und 3 ⎭	
	und 4	LF shuffle
	und 5	LF-RF ballchange
	6	LF ball step
84	und	RF side brush nach re
	1	RF ball step
	und	LF side brush Xfront RF
	2	LF ball step
	3	RF ball step am Platz
85	a) 1	RF ball step
	und 2	LF shuffle diag. vw
	und 3	LF-RF ballchange
	und	LF stamp
	4	RF scuff
	5	LF chug
	6	RF stamp
	b) 1 2 und 3 und	
	4 5 und 6	
86	1	RF ball step am Platz
	und 2	LF shuffle diag. vw
	und 3	LF-RF ballchange
	4	LF ball step am Platz
	5	RF brush vw
	6	LF hop
		von 4 bis 6 eine 1/1 LD ausführen.

Übung	Rhythmus	Beschreibung
87	1	RF brush diag. vw
	2	RF brush rw Xfront LF
	3	RF leap (ball)

88	1 und	RF riff diag. vw
	2	LF heeldrop
	3	RF bell step Xfront LF

89	und 1	RF riff diag. vw
	2	LF heeldrop
	und 3	RF brush step Xfront LF

90	und e 1	RF shuffle step
	und e 2	LF shuffle step
	und 3	LF heeldrop – RF heeldrop

91	1	RF ball step
	und e	LF shuffle
	2	LF ball step
	und e	RF shuffle
	3	LF ball step

92	und e de } 1 2 3 }	6-sound-Folge

Multiplikationsbeispiele im 4/4 Takt.

Übung	Rhythmus	Beschreibung
93	1	1. RF flat step
	und 1	2. RF heel beat – RF balldrop
	und e 1	3. RF riff vw – RF flat step
	und e de 1	4. RF riff vw – RF heel beat – RF balldrop
	und e de e 1	5. RF riff vw – LF heeldrop – RF heel beat – RF balldrop
	und e de e e 1	6. RF riff vw – LF heeldrop – RF heel tap – RF strut vw
	-----------------------------	
94	und	RF ball beat diag. vw
	e	LF balldrop
	de 1	RF-LF heelchange

Übung	Rhythmus	Beschreibung
95	und e	RF brush vw – RF ballbeat
	de	LF heeldrop mit Gewicht
	1	RF heeldrop

Übung	Rhythmus	Beschreibung
96	und e de	RF flap diag. vw – RF heeldrop
	e	LF heeldrop
	1	RF balldrop rnit Gewicht

Weitere Variationen im 4/4 Takt

Übung	Rhythmus	Beschreibung
97	und	Soulhip re
	e 1	RF flap
	und 2	LF pick-up – RF heeldrop
	und	Soul Hip li
	e 3	LF flap
	und 4	RF pick-up – LF heeldrop
	und e	RF shuffle vw
	5	LF pullback
	und e 6	RF shuffle vw – LF pullback
	und e 7	RF shuffle vw – LF pullback
	und	RF ball step
	8	RF heeldrop

Übung	Rhythmus	Beschreibung
98	und e	RF flap am Platz, dabei li Fußspitze anheben
	de	LF pick-up
	1	RF heeldrop
		Diese Folge kann sehr schnell getanzt werden (bis ca. 10 sounds/sec.)

Übung	Rhythmus	Beschreibung
99	und e	RF flap sw
	de	LF pick-up
	1	RF heeldrop
	und e de 2	dass., aber mit LF beginnen
	und e de 3	dass., aber mit RF beginnen
	und 4	LF stamp, RF stamp

Übung	Rhythmus	Beschreibung

100   a) 1 und 2 und   4-sound-Folge mit Bewegung sw auf Linie nach
rechts,mit RF beginnen

              3   LF heeldrop ohne Gewicht

              4   LF stamp schl. zum RF

----

         b) und   e   de   e

              1 2

Bei mehrmaliger Wiederholung dieser Schritt-
folge kann auch eine Kreisform ausgeführt werden.

----

101   **6-sound-Folge variiert**

         1   und   RF heel beat - RF pick-up, sehr kleine Bewegung
rw, gleichz. LF heelstand

         e   LF balldrop

         2   und   RF flap, parallel Xback neben LF

         e   RF heeldrop, dabei li Ferse vom Boden lösen

----

102   3   LF scuff diag vw, (auskreuzen)

         4   LF slam diag vw

Diese 6-sound-Folge kann getanzt werden

1. mit Rückwärtsbewegung

2. mit 1/2 RD

----

103   und   e   RF shuffle vw

         1   LF pullback

         und   e   2   dass. wiederholen

         und   e   3   dass. wiederholen

         und   RF toe tap Xback RF

         4   leap nach re auf RF

Von und e 1 bis 3 Oberkörper stark nach vorne
beugen

Übung	Rhythmus	Beschreibung
104	**Air turn mit Bell-Technik**	
	1	RF stamp sw, das Knie stark beugen, Oberkör-per nach re drehen. Arme: Gegenbewegung
	2	LF heeldrop mit Gewicht
	3	RF stamp Xfront LF und mit kleinem Arm-schwung (re Arm) air turn (1/1 LD) einleiten.
	und	RF hop. Während sich beide Füße in der Luft be-finden, Fersen zusammenschlagen
	4	Landen auf RF

105	und 1	RF flap diag. vw
	und 2	LF flap Xfront RF
	und	RF ball step rw
	3	LF side brush nach li
	und	LF ball step
	4 und	RF flap Xfront LF
	5	LF ball step rw
	und	RF side brush nach re
	6	RF ball step
	und 7	LF flap Xfront RF
	8	leap auf RF (ball). Arme: Gegenbewegung

106	1 und	
	2 und	8-sound-Folge, mit RF beginnen
	3 und	
	4 und	
	5 und e ⎱	
	6 und e ⎰	6-sound-Folge, mit LF beginnen
	7 8	RF scuff – RF stamp

107	und	LF hop
	e 1	RF shuffle diag. vw
	und	LF heeldrop
	2	RF toe tap Xback LF
	und e 3	dass. wiederholen
	und 4	
	(5)	Pause
	und	LF hop
	e 6	RF shuffle diag. vw
	und	RF heeldrop
	7 8	LF heeldrop – RF heeldrop

Übung	Rhythmus			Beschreibung

108	**multiplizierte cramproll**			
	und	e		RF flap vw
	de	e		LF flap vw
	e	1		RF heeldrop – LF heeldrop

109	und	1		LF flap – LD einleiten
	und	e		RF shuffle
	de			LF hop
	2			RF ball step Xfront LF
				Von 1–2 bis zu einer 1/1 LD ausführen.

110	und	e		RF shuffle sw, Arme: Gegenbew.
	de	1		RF ball step Xfront LF – RF heeldrop
	2			clap hands
	und 3	e 4	de }	dass., aber mit LF beginnen
	5			RF skid vw, am Ende Fuß in die Luft führen
	und de	e } 6		cramproll mit RF beginnen
	7			RF stamp
	8			clap hands
				Arme: immer Gegenbewegung

111	und	e		RF riff Xfront LF
	de			LF heeldrop
	e			RF heel tap
	1			RF ball beat
	und			LF heeldrop
	2			RF heeldrop

112	und			RF hop, das Knie stark beugen
	e	1		LF shuffle, Bein sw fast strecken
	und	e	2	dass. wiederholen
	und	e	3	dass. wiederholen
	und			LF ball step Xfront RF
	4			LF heeldrop
				Von und e 1 bis 3 Oberkörper nach links beugen. Von den sw waagrecht gehaltenen Armen zeigt durch die Oberkörperbeugung der li Arm nach unten, der re Arm nach oben.

Übung	Rhythmus	Beschreibung
113	1	RF ball tap
	und	LF hop
	e 2	RF shuffle
	und	LF heeldrop
	e 3	RF brush vw – RF brush rw Xfront LF
	und 4	RF flap diag. vw.

114	1	RF stamp
	und 2	LF shuffle
	3	LF step Xback
	4	RF stamp
	5	LF stamp sw
	6	RF heeldrop RD beginnen
	7	LF step schl.
	8	RF stamp
	von 6–8 /	1/1 RD
	1	LF stamp
	und 2	RFshuffle
	und	RF step Xback
	3	LF heel drop
	und 4	
	und 5	dass. wiederh.
	und 6	
	und 7	dass. wiederh.
	(8)	Pause

115	1	RF stamp diag. vw
	und 2	LF RF heelchange
	und e 3	LF brushstep – heeldrop sw
	und e 4	RF dass, wdh., aber Xback
	und e 5	LF dass. wdh. sw
	6	RF heeldrop 1/2 RD
	7	LF step schl. 1/2 RD
	8	RF stamp Xfront
	1	LF stamp sw
	und e 2	RF brush step heel Xback
	und 3	LF brush step sw
	4	LF heel drop
	5	RF skid
	und e de 6	RF cramproll Xback
	und	RF heel tap sw
	7	RF step
	8	RF heel drop

Übung	Rhythmus	Beschreibung
116	1	RF stamp
	und 2	LF shuffle
	und	LF step Xback
	3	RF heel drop mit Gewicht
	(4)	Pause
	5 und 6 und 7 }	LF von 1–3 wiederh.
	(8)	Pause
	1	RF stamp
	und 2	LF shuffle
	und	LF step rw
	3	RF heel drop
	und 4	LF shuffle
	und	LF step rw
	5	RF heel drop
	und 6	LF shuffle
	und	LF step rw
	7	RF heeldrop
	(8)	Pause
117	1	LF heel drop
	und e	RF shuffle
	2	LF heel drop
	3	RF step Xback
	4	RF heel drop
	(5)	Pause
	und 6	LF-RF ballchange auskreuz.
	7	LF stamp Xfront
	8	RF scuff
	1	RF step Xfront
	2	RF heel drop
	(3)	Pause
	und	LF toetap
	4	RF heel drop
	5	LF stamp sw
	6	RF stamp sw
	7	clap hands
	(8)	Pause

Übung	Rhythmus	Beschreibung
118	1	RF step
	und	RF hop
	2	LF ballbeat sw
	3	LF step
	und	LF hop
	4	RF ballbeat sw
	5	RF step
	und e	LF shuffle sw
	6	LF step
	und e	RF shuffle
	7	RF step
	8	LF stamp
	1	RF stamp rw
	2	LF stamp sw
	3	RF stamp vw
	4	LF stamp Xfront
	5	RF stamp rw
	und	LF brush rw
	e	LF step
	6	LF heel drop
	und e 7	dass. mit RF wiederh.
	8	LF stamp schl.
119	und	RF step sw
	1	RF heel drop
	2	clap hands
	3	LF heel drop 1/1 LD
	4	RF stamp schl.
	(5)	Pause
	6	RF inside slide
	und	LF step sw
	7	LF heel drop
	(8)	Pause
	und	RF step sw
	1	RF heel
	2	RF chug sw
	und	LF step Xfront
	3	LF heel drop
	(4)	Pause
	und e	RF riff outside
	5	LF heel drop
	und	RF step sw

Übung	Rhythmus			Beschreibung
	6			RF heel drop
	und	e		LF riff outside
	7			RF heel drop
	und			LF step sw
	8			LF heel drop

120	1			LF hop
	und	e		RF shuffle Xfront
	2			RF step Xfront
	und	3		RF wing und heel clik
	und			LF step Xfront
	4			LF heel drop
	und	e		RF riff
	5			LF heel drop
	und			RF step Xfront
	6			RF heel drop
	und			LF toetap
	7			RF pull back
	8			LF stamp

121	1			RF slam vw und re Hüfte
	und	2		LF-RF heel change
	und			RF pick up
	3			LF balldrop
	4			RF stamp rw und re Hüfte
	(5)			Pause
	6			LF stamp vw und li Hüfte
	7			RF stamp
	8			clap hands
	von 1–8 wiederh., aber mit LF			
	danach wie 1–4 = 3 mal tanzen, dann Rhythmus:			
	(1)			Pause
	und	2		LF-RF heel change
	3			LF stamp
	4			RF stamp

Übung	Rhythmus	Beschreibung
122	**Timestep** mit 8 bzw. 10 sound	
	und	RF brush vw
	1	RF ballbeat
	und	LF heel
	2	RF heel
	und	RF pick up
	3	LF balldrop
	und 4	RF flap
	10 sounds	mit zusätzlich toetap und heeldrop (vor dem flap)

123	Arme sw gestreckt und Körper nach li geneigt	
	(1)	Pause
	und	LF hop
	2	RF tap
	und	LF hop
	3	RF step sw
	4	RF heel drop
	5	LF tap
	und	RF hop
	6	LF step sw
	7	RF tap
	und	LF hop
	8	RF tap sw
	1	RF stamp
	und	LF heeltap
	2	RF heeldrop
	und	RF heeldrop
	3	LF stamp
	und	RF heeltap
	4	LF heeldrop
	und	LF heeldrop
	5	RF stamp sw
	und	LF heeldrop
	6	RF heeldrop
	und	LF pick up
	7	RF balldrop
	8	LF stamp sw
	von 5–8 auch anderer Rhythmus:	
	5 und e 6 und e 7 8 nach balldrop, toetap und heeldrop einfüg.	

Übung	Rhythmus	Beschreibung
124	1	RF stamp sw von 1–3 Bew. n.re
	und 2	LF-RF heelchange
	und	LF ballbeat
	3	RF balldrop
	4	clap hands
	Technik s.o. 1–3	
	Rhythmus = 5 und e 6 und	
	7	RF stamp
	8	LF slam sw
	von 1–8 wiederh., mit LF beginnen	
	1–4 = 2 mal wiederh. danach:	
	1 und e 2 und	
	3 und e 4 und	Technik s.o. 1–3
	5 und e 6 und	
	(7)	Pause
	und	LF stamp
	8	RF stamp
	Anmerkung:	Bew. sw von 1–3 jeweils durch hiptwist

125	1	LF heeldrop
	und 2	RF shuffle
	und	RF step rw Xback
	3	RF heeldrop
	4	LF step sw
	5	LF heeldrop
	6	RF step Xfront
	7	RF heeldrop
	(8)	Pause
	von 1–8 Bew. sw auf Linie nun wiederh. von 1–8, aber mit RF beg.	
	1	RF skid
	und	LF hop
	2	RF step Xfront
	3	RF heeldrop
	(4)	Pause
	5 und 6 7 8 wiederh. wie 1–4, aber mit LF beginnen	
	1	RF toetap
	und	LF pullback
	2	RF toetap
	und	LF pullback
	3	RF toetap
	4	LF heeldrop
	5 und	RF brush step sw

Übung	Rhythmus	Beschreibung
	e	LF heeldrop
	6	RF heeldrop
	und	LF pick up
	7	RF balldrop
	8	LF stamp

126	1	RF step sw
	2	clap
	3	LF step sw
	4	clap
	5	RF step sw
	und 6	LF-RF ballchange
	7	LF step
	8	LF heel drop
	1	RF slam
	und 2	LF-RF heelchange
	und	RF pick up
	3	LF balldrop
	4 und e 5 und	dass. wie 1–3 RF beg.
	e	RF toetap
	6	heeldrop
	und e	RF brush step sw
	7	LF heeldrop
	8	RF heeldrop
	von Anfang wiederh. mit LF beginnen	

127	1	RF stamp schl.
	und e 2	LF brush step heeldrop sw
	3	RF brush Xfront
	4	RF brush sw
	und	RF step sw
	5	RF heeldrop
	6	LF step schl.
	7	RF step
	8	LF stamp
	von und 5–8	1/1 RD beginnen
	1	RF stamp
	und 2	LF shuffle
	und	LF step
	3	LF heeldrop
	und 4	RF shuffle
	und	RF step

Übung	Rhythmus	Beschreibung
	5	RF heeldrop
	und 6	LF shuffle
	und	LF step
	7	LF heeldrop
	8	RF stamp
-----	-----	-----
128	und e	RF shuffle Xfront
	1	LF heeldrop
	und e 2	RF brush step rw heeldrop
	und e 3	LF brush step rw heeldrop
	und e 4	RF brush step rw heeldrop
	auf und e 1 =	1/2 LD, von Anfang wiederh., aber mit LF beg.
-----	-----	-----
129	und 1	RF brush step vw
	und	LF brush rw
	2	RFheeldrop
	und 3	LF brush step vw
	und	RF brush rw
	4	LF heeldrop
	5	RF stamp sw
	und 6	LF-RF heelchange
	7	LF stamp sw
	8	RF stamp sw
	1	LF heeldrop LD beginnen
	2, 3, 4	LF Pirouette
	5	LF heeldrop v. 1–5 = 1/1 LD
	und e	RF brushstep Xfront
	6	RF heeldrop
	und 7	LF brushstep sw
	8	LF heeldrop
	und 1	RF brushstep sw
	Beginn der Bew.	sw durch hiptwist
	und	LF heeldrop
	2	RF heeldrop
	und	LF pick up
	3	RF balldrop
	und	LF toetap Xback
	4	RF heeldrop
	und 5	
	und 6	
	und 7 ⎬	wiederh. zur anderen Seite
	und 8	

Übung	Rhythmus	Beschreibung
	und 1	RF brushstep sw
	und	LF heeldrop
	2	RF heeldrop
	und	LF ballbeat
	3	RF balldrop
	und	LF heeldrop
	4	RF heeldrop
	und	LF pick up
	5	RF balldrop
	6	LF stamp
	und	RF heelbeat
	e	RF balltap
	7	LF balldrop
	8	RF stamp

Übung	Rhythmus	Beschreibung
130	und 1	RF brushstep sw
	(2)	Pause
	und	LF pick up
	3	RF heeldrop
	4	RF balldrop
	und 5	
	6	wiederh., aber mit LF beg.
	und 7	
	8	
	und 1	RF brushstep
	und	LF pick up
	2	RF heeldrop
	und 3	wiederh., aber mit LF beg.
	und 4	
	5 und e 6 und e 7	(siehe und 1–4) dieselbe Technik in fortl. Rhythmus
	8	LF heeldrop
		mit nachfolg. Techniken v. 1–8 li drehen
	1	LF heeldrop
	und e	RF shuffle
	2	LF heeldrop
	und e	RF brushstep
	3	RF heeldrop
	und e	LF brushstep
	4 und e 5 und e 6 und e 7 (wiederh.)	
	(8)	Pause

Übung	Rhythmus	Beschreibung
131	1	LF stamp
	und e	RF shuffle
	2	LF heeldrop
	und e 3	RF brushstep heeldrop rw
	und e	LF brushstep sw
	4	LF heeldrop
	und e 5	RF brushstep heel Xfront
	und 6	LF shuffle
	und	LF step Xfront
	7	LF heeldrop
	und	RF toetap Xback
	8	LF heeldrop

132	1	RF stamp
	und 2	LF shuffle
	3	LF step Xback
	4	RF stamp
	5	LF stamp sw
	6	RB kneeraise und clap hands
	7	RF stamp sw
	8	LB kneeraise und clap hands
	1	LF stamp sw
	und	RF toetap Xback
	2	LF chug
	3	RF stamp sw
	4	LF step Xback
	5 6	RF-LF heel-heel 1/1 li Spiraldr.
	7	RF stamp
	(8)	Pause

133	1	LF heeldrop
	und 2	RF shuffle
	und	RF step Xback
	3	RF heeldrop
	4	LF step sw
	5	LF heeldrop
	6	RF step Xfront
	7	RF heeldrop
	8	clap hands
	(1)	Pause
	und	LF heeldrop
	2	RF heeldrop

Übung	Rhythmus	Beschreibung
	und	LF heeldrop
	3	RF heeldrop
	4	LF heeldrop
	von 1–4	1/1 LD
	5 6	RF shuffle
	7	RF step Xfront
	8	RF heeldrop
	(1)	Pause
	und	LF hop
	2	RF balltap
	und	LF hop
	3	RF step
	4	RF heeldrop
	5	LF toetap
	6	RF pullback
	7	LF step rw
	8	LF heeldrop
	1	LF heeldrop (auch hop mögl.)
	und e	RF shuffle
	2	LF heeldrop
	3	RF step Xback
	4	RF heeldrop
	5	LF stamp sw
	6	RF inside slide mit klick dabei RF belasten
	7	RF hop
	8	LF stamp Xfront

134	1 und	RF brushstep vw
	e	LF heeldrop
	2	RF heeldrop
	und	LF pick up
	3	RF balldrop
	und	LF toetap Xback
	4	RF heeldrop
	und 5	LF brushstep vw
	und 6	RF brushstep vw
	von und 5–6 =	1/1 LD
	und	LF heeldrop
	7	RF heeldrop
	und	LF pick up
	8	RF balldrop
	und e	LF riff

Übung	Rhythmus	Beschreibung
	1	RF heeldrop
	und	RF heeldrop
	2	LF step sw
	und	LF heeldrop
	3	RF heeltap sw
	und	RF step sw
	4	RF heeldrop
	5	RF heeldrop
	und e	LF shuffle
	6	RF heeldrop
	und e	LF brushstep
	7	LF heeldrop
	8	RF stamp

Übung	Rhythmus	Beschreibung
135	1	LF stamp
	und 2	RF shuffle Xfront (stark eingekreuzt)
	3	RF brush vw
	4	RF brush rw
	und 5	RF shuffle (stark eingekreuzt)
	6	clap hands und 1/8 LD
	7	RF stamp vw (lunge Arme gestreckt)
	(8)	Pause

Viertes Kapitel

Fünf Tänze

Vorbemerkung: Diese Kapitel enthält fünf fertige Tänze, die wiederum nach Schwierigkeitsgraden geordnet sind. Alle fünf Choreographien werden jeweils nach einer bekannten Komposition getanzt. Jede andere Swing- oder Blues-Musik der Kassette ist jedoch auch möglich. Vorausgesetzt wird die vollständige Beherrschung der im zweiten Kapitel vorgestellten Techniken und der im dritten Kapitel gebrachten Übungsfolgen.

Dem allgemeinen Gebrauch in Jazz- und Schlagermusik folgend, fassen wir auch hier jeweils zwei 4/4 Takte zu einer Einheit zusammen. Es wird daher von 1 bis 8 gezählt,

Jazz-Techniken.

In diesem Kapitel werden zusätzlich zu den im zweiten Kapitel vorgestellten Tap-Techniken noch einige Techniken aus dem Jazz Dance beschrieben, die in den Choreographien benutzt werden,

lunge	Austallschritte In der älteren amerikanischen Literatur fälschlicherweise auch als fall bezeichnet.
	Gewichtsübernahme mit großem Ausfallschritt. Das Ausfallbein wird stark im Knie gebeugt, das andere wird fast gestreckt.
knee raise	Knieheben
Knierotation	Aus knee raise Oberschenkel plus Knie und Unterschenkel nach außen oder Innen drehen. Diese Drehung kann verbunden werden mit einer Hoch- bzw. Tiefmotion des Oberschenkels, so daß ein Kreis entsteht.
Soul Hip	Die Hüfte des unbelasteten Beines wird sw oder diag. vw bzw rw geführt, worauf in die jeweilige Richtung ein Schritt erfolgt. Soul Hip ist der Impuls für die Beinbewegung.
Jazz-Pirouette	Pirouette, aber nicht in gestreckter Körperhaltung, sondern mit isolierten Körperzentren: Knie gebeugt, Becken rw, Brustkorb vw. Die eben beschriebene Jazz-Pirouette kann variiert werden. In den Choreografien wird eine besondere Variation der Jazz-Pirouette benutzt. Das Knie des Standbeins ist gebeugt; das Becken wird leicht nach rückwärts genommen, der Brustkorb nach vorne. Das Spielbein führt während der Pirouette aus knee raise eine Knierotation aus: Das Knie wird nach der Seitwärtsrotation über innen/unten zum Standbeinknie geführt. Dann wird das Bein zu einem point seitwärts weitergeführt. Die linke Hand liegt auf der linken Hüfte. Der Ellbogen zeigt nach rückwärts. Der rechte Arm leitet mit einem kleinen Schwung des Unterarms die Drehung ein und wird am Ende der Drehung etwa waagrecht vor dem Körper gehalten.

Jerk-Position	Eine typisch polyzentrische Isolationstechnik, die rein afrikanischen Ursprungs ist. Polyzentrik bedeutet, daß alle isolierten Körperzentren mit gleicher Energie eingesetzt werden. Torso und Knie sind nach vorne gebeugt. Das Becken wird dabei betont nach hinten geführt. Der Brustkorb geht nach vorne, die Schultern aber zurück. Der Kopf wird energisch zurückgeworfen. Die Oberarme zeigen schräg rückwärts, die Unterarme schräg nach vorne abwärts.

Fuß-Techniken.

ball beat	Aufschlag mit dem Ballen des unbelasteten Fußes. Der Ballen bleibt am Boden. In jeder Richtung möglich.
ballchange	Gewichtswechsel von einem Ballen auf den anderen am Platz.
balldrop	Hörbares Absenken aus heel beat, heel step oder heelstand (Stehen auf Ferse). Bei balldrop nach heel beat kann Gewichtsverlagerung erfolgen.
balldrop Jazz Walk	heel beat gefolgt von einem balldrop. Richtung: vw und sw.
ball-stamp (footchange)	Gewichtswechsel vom Ballen des einen Fußes auf den anderen, flachen Fuß. Oder umgekehrt.
ball step	Jede hörbare Gewichtsverlagerung auf Ballen. In Jeder Richtung.
ball tap	Aufschlag mit dem Ballen des unbelasteten Fußes, der sofort wieder den Boden verläßt. In jeder Richtung.
brush vw brush rw brush sw	Vorwärts-, Rückwärts- bzw. Seitwärtsschwingen des Unterschenkels, verbunden mit einem ball tap. Sowohl beim brush vw als auch beim brush rw und sw kann durch Drehung des Oberschenkels bzw. Torso plus Oberschenkel die Richtung des brush verändert werden.
brush flat	Wie ein brush step, aber Gewichtsübernahme auf ganzen, flachen Fuß.
brush step vw/rw/sw	Ein brush vw, rw oder sw. Am Ende der Schwingbewegung des Unterschenkels wird ein ball step mit demselben Fuß ausgeführt. Beide sounds sind deutlich hörbar.
chug	Ein kleiner slide vw, rw oder sw auf flachem Fuß, verbunden mit einem betonten heeldrop.
clap hands	Klatschen mit den Händen. Diese werden dabei überkreuz gehalten und können jede beliebige Position zum Körper einnehmen.
cramproll	besteht aus vier sounds, von denen zwei mit Ballen (ball step) und zwei mit Ferse (heeldrop) ausgeführt werden. Einer oder beide ball steps kann auch als flap ausgeführt werden, dann wird es eine 5-sound- bzw. 6-sound-cramproll.
flap	Sehr kleiner brush vw mit sofort anschließendem ball step auf demselben Fuß. Die beiden sounds gehen unmittelbar ineinander über. In jeder Richtung.

flat-flat (footchange)	Gewichtswechsel von flachem Fuß auf flachen Fuß.
flat step	Jede hörbare Gewichtsverlagerung auf ganzen, flachen Fuß. In jeder Richtung.
footchange	Gewichtswechsel am Platz von einem Fuß auf den anderen Fuß (alle Fuß-Techniken).
grapevine	Seitwärtsbewegung mit vier sehr kleinräumigen Schritten. Jeweils nach dem Seitwärtsschritt kreuzt der andere Fuß vor oder hinter dem Standbein.
heel beat	Aufschlag mit der Ferse des unbelasteten Fußes. Die Ferse bleibt am Boden. In jeder Richtung.
heeldrop	Hörbares Absenken der angehobenen Ferse aus ball beat, ball step oder ballstand (Stehen auf Ballen) mit oder ohne Gewichtsübernahme.
heel step	Jede hörbare Gewichtsverlagerung auf Ferse. In jeder Richtung.
heel tap	Aufschlag mit der Ferse des unbelasteten Fußes, der anschließend sofort wieder den Boden verläßt. In jeder Richtung.
hop	Hop mit dem belasteten Fuß und landen auf demselben Fuß.
inside/outside slide	Ein slide mit dem belasteten Fuß sw. Beispiel: **inside slide,** Gewicht auf linkem Fuß, slide nach re. **outside slide:** Gewicht auf linkem Fuß, slide nach links.
jump	Sprung von beiden Füßen auf beide Füße.
leap	Sprung von einem Fuß auf den anderen Fuß.
Parallels	Seitwärtsbewegung mit parallel geführten Füßen durch abwechselndes Drehen auf Fersen und Ballen, üblicherweise jeweils 1/4 Drehung. Gewicht auf einem Fuß oder beiden Füßen.
pick-up	Den angehobenen Ballen des unbelasteten Fußes, der sich mit der Ferse am Boden befindet, mit einer scharfen brush-Bewegung zurückschlagen und in die Luft führen.
pick-up step	Pick-up mit unbelastetem Fuß, anschließend Gewichtsübernahme durch step.
point	Ball beat, dabei ist das Bein fast gestreckt. Das Knie des Standbeins ist stark gebeugt. In jeder Richtung.
pull back	Ein slide rw auf flachem Fuß, verbunden mit einem balldrop.
riff	Brush vw bzw. sw, gefolgt von einem scuff mit demselben Fuß.
rubberlegs	Wechsel von: Fußpitzen und Knie zeigen nach innen (Fersen nach außen) und Fußpitzen und Knie zeigen nach außen (Fersen zusammen).
scuff	Betontes Aufschlagen der Ferse, während der Unterschenkel vw oder sw geschwungen und anschließend in der Luft gehalten wird.
shuffle	Verbindung von Vorwärts- und Rückwärtsbrush oder umgekehrt. Richtung siehe brush.
side brush	Seitwärtsschwingen des Unterschenkels, verbunden mit einem ball tap.

skid	(Schleifen) Eine Vorwärtsbewegung des freien Fußes auf Ballen.
skip	Ein step, gefolgt von einem hop auf demselben Fuß.
slam	Aufschlag des ganzen, flachen Fußes ohne Gewicht. In jeder Richtung.
slide	Schleifen auf dem belasteten, flachen Fuß bzw. nur auf Ferse oder Ballen. Auch mit beiden Füßen möglich. In jeder Richtung.
slide hop	Ein slide, gefolgt von einem hop auf demselben Fuß. In jeder Richtung.
stamp	Betontes Aufschlagen des ganzen, flachen Fußes mit Gewicht. In jeder Richtung.
strut	Ball beat, gefolgt von einem heeldrop. In jeder Richtung.
toe beat	Aufschlag mit der Fußpitze des unbelasteten Fußes. Die Fußpitze bleibt am Boden. Ausführung rw, sw oder in gekreuzter Position.
toe tap	Aufschlag mit der Fußpitze des unbelasteten Fußes, der sofort wieder den Boden verläßt. Ausführung rw, sw oder in gekreuzter Position.

1. **My heart belongs to Daddy (Porter).**

Schallplatte: Record No. H-731, Seite B
Hoctor Records, Inc., Waldwick, N.J.,
07463

Takt	Rhythmus	Beschreibung
1–2	–	2 Takte abwarten – Einleitung
3–4	1	RF ball step vw, Arm-Mitbewegung
	und	LF ball step schl. Xback RF
	2	RF stamp vw
	3 und 4	dass. wie 1 und 2, aber mit LF beginnen
	5	RF ball step Xfront LF, 1/1 LD, einleiten durch kleinen Armschwung
	6	LF betonter stamp vor RF
	7 8	dass. wie 5 6
5–6	1	RF ball etep sw, Arm-Koordination
	und	LF ball step xback RF, Armpos. halten
	2	RF stamp am Platz, Armpos. halten
	3 und 4	dass. wie 1 und 2, aber mit LF nach li sw beginnen
	5 und 6 } 7 und 8 }	1– 4 wiederh.
7–8	und	Soul Hip re
	1	RF stamp sw, re Knie stark beugen, Oberkörper dreht nach re
	2	Gewichtsverlagerung auf LF, LD einleiten, li Knie stark beugen
	3	1/1 LD (Jazz-Pirouette) auf LF, RB knee raise zur Seite
	und	Knierotation nach innen
	4	RF point sw, li Hand an li Hüfte, re Unterarm fast waagrecht vor dem Körper
	(5)	Pause
	und	RF ball step schl. zum LF, Knie stark beugen
	6	LF tap sw, Bein fast strecken
	und 7	dass. wie und 6, aber mit LF beginnen
	8	RF slam

Takt	Rhythmus	Beschreibung
9–10	und 1	RF shuffle sw
	und	RF ball step Xfront LF
	2	RF heeldrop
	und 3 und 4	dass. wie und 1 und 2, aber mit LF beg.
	und 5 und 6	dass. wie 1–4, aber den ball step jeweils Xback
	und 7 und 8	ausführen
		Von 1 bis 8 befinden sich die Arme in entsprechender Gegenbewegung. zum Bein.
11–12	1	RF brush rw
	und 2	RF-LF ballchange
	3	RF stamp
	4	LF stamp
	und 5	RF flap vw
	und 6	LF flap vw
	und 7	RF flap vw
	8	LF stamp schl. zum RF
13–14	und 1 und 2	
	und 3 und 4 }	4 mal shuffle – ball step Xback – heeldrop
	und 5 und 6	
	und 7 und 8	abwechselnd mit RF und LF begonnen
15–16	1	RF brush rw
	und 2	RF-LF ballchange
	3	RF stamp
	4	LF stamp
	und 5	RF flap vw
	und 6	LF flap vw
	und 7	RF flap vw
	und	LF stamp vw
	8	RF slam mit sofortigem Abheben der re Ferse
17–18	und 1 und 2	4 sounds mit demselben Fuß: RF heel beat – ball beat – ball step – heeldrop in Rückwärtsbewegung
	und 3 und 4	dass. wie und 1 und 2, aber mit LF beg.
	und 5 und 6	
	und 7 und 8	dass. wie und 1–4
		Von 1 bis 8 befinden sich die Arme in entsprechender Gegenbewegung zum Bein.

akt	Rhythmus	Beschreibung
19–20	1 2 3	step turn mit 3 ball steps auf Linie nach rechts, mit RF sw beginnen, insges. 1/1 RD, einleiten durch kleinen Armschwung
	und	LF ball step schl. zum RF
	4	RF stamp sw, re Hüfte nach re, Knie stark beugen, Oberkörper überdreht nach re
	5 6 7 und 8	dass. wie 1 bis 4, aber step turn nach li mit LF beginnen
21–22	1 und 2 und	RF heel beat – ball beat – ball step – heeldrop
	3 und 4 und	dass. wie 1 und 2 und, aber mit LF beginnen
	5 und 6 und	dass. wie 1 und 2 und
	7	LF scuff vw
	8	LF stamp schl. zum RF
23–24	und 1 und e 2 und e 3 und e 4 und e 5 und e 6 und e 7 }	5 mal 4-sound-Folge wie Takt 17, mit RF beginnen
	8	LF stamp schl. zum RF
25–26	und 1	RF flap vw, Arme: Gegenbewegung
	und	LF toe tap Xback RF, Armpos. halten
	2	RF heeldrop, Armpos. halten
	und 3 und 4	dass. wie und 1 und 2, aber mit LF beginnen
	und 5 und 6 und 7 und 8 }	dass. wie und 1 bis 4
27–28	und 1	Soul Hip re – RF stamp sw
	und 2	Soul Hip li – LF stamp sw
	3	RF ball step schl. zum LF, Knie stark beugen
	und e	LF shuffle sw, Bein fast strecken
	4	LF ball step schl. zum RF, Knie stark beugen
	und e	RF shuffle sw, Bein fast strecken
	5	RF ball step schl. zum LF
	6	LF stamp schl. zum RF
	7 (8)	RF slam – Pause
29–30	und 1 und 2 und 3 und 4 und 5 und 6 und 7 und 8 }	dass. wie Takt 25–26, aber im Uhrzeigersinn eine Kreisform ausführen

Takt	Rhythmus	Beschreibung
31–32	und 1 und 2 3 und e 4 und e 5 6 7 (8) }	dass. wie Takt 27–28
33–34	und 1 und e 2 und e 3 und e 4 und e 5 und e }	2 mal Double Time Step, mit RF beginnen
	6 und	RF shuffle
	e	LF hop
	7	RF brush vw, hinter LF einkreuzen
	und	RF ball step am Platz Xbeck LF
	8	LF stamp Xfront RF, re Knie stark beugen
35-36	1	RF skid vw, am Ende Bein in knee raise
	und	Soul Hip re
	e	LF slide nach re (inside)
	2	RF ball step schl. zum LF
	3 und e 4	dass. wie 1 bis 2, aber mit LF beginnen
	5 und e	dass. wie 1 und e
	6	RF tap zum LF schl.
	und	LF slide nach re (inside)
	7	RF ball step
	8	LF stamp
37–38	1	RF heel beat
	und	RF pick-up, sehr kleine Bewegung rw, gleichzeitig heelstand LF
	e	LF balldrop
	2 und	RF flap vw, sehr kleine Bewegung
	e	RF heeldrop
	3	LF scuff
	4	LF stamp
	5 und e 6 und e 7 8 }	dass. wie 1 bis 4
39–40	und 1 und 2	step turn mit 1/2 RD, Bewegung rw: RF flap – LF ball step schl. Xback RF – RF stamp
	3 und 4	step turn mit 1/2 RD am Platz: LF ball step schl. zum RF – RF ball step – LF stamp schl. zum RF
	und 5 und 6 7 und 8 }	dass. wie und 1 bis 4

Takt	Rhythmus	Beschreibung
41–42	1	RF ball step am Platz, Knie stark beugen
	und e	LF shuffle sw, Bein fast strecken
	2	LF ball step schl. zum RF, Knie stark beugen
	und e	RF shuffle sw, Bein fast strecken
	3	RF ball step schl. zum LF, Knie stark beugen
	und e	LF shuffle sw, Bein fast strecken
	4	LF ball step schl. zum RF, Knie stark beugen
	und e	RF shuffle sw, Bein fast strecken
	5	RF ball step am Platz, Knie stark beugen
	6	LF stamp vw, Knie stark beugen, dabei clap hands
	7	Endposition: RF stamp vw, Beine und Körper gestreckt, Arme oben

2. Tea for two (Youmans).

Schallplatte: Hoctor Record No. H-731, Seite A
Hoctor Dance Records, Ine., Waldwick, N.J.
07463

Vorbemerkung: Dieser Tanz kann als Solo- oder Gruppentanz ausgeführt werden. Wenn als Gruppentenz, dann empfiehlt es sich, die vier Takte des Double Time Steps – Takt 17 bis 20 als Solo zu tanzen.

Musikstück ohne Einleitung.

Takt	Rhythmus	Beschreibung
1–2	und	RF brush rw, Arme: Koordination
	1	RF ball step Xback LF, Armpos. halten
	und	LF ball step sw, Armpos. halten
	2	RF ball step am Platz, Armpos. halten
	und 3 und 4	dass. wie und 1 und 2, aber mit LF beginnen
	und 5 und 6	dass. wie und 1 und 2
	und	LF brush rw
	7	LF ball step Xback RF
	und	RF brush rw
	e	RF ball step sw
	8	LF stamp schl. zum RF

Takt	Rhythmus	Beschreibung
3–4	und 1	RF flap vw, Arme: Mitbewegung
	und	LF ball step Xback RF, Armpos. halten
	2	RF stamp vw, Armpos. halten
	und 3 und 4	dass. wie und 1 und 2, aber mit LF beginnen
	und 5	RF flap am Platz, Knie stark beugen, beginnen nach re zu drehen
	und e	LF brush step vw im Rechtsdrehen
	6	RF ball step am Platz, Knie stark beugen
	und e	LF brush step vw im Rechtsdrehen
	7	RF ball step am Platz, Knie stark beugen
	8	LF stamp schl. zum RF, dabei RF vom Boden lösen und vor LF halten
		Von 5 bis 8 Insgesamt 5/4 RD ausführen
5–6	und 1 und 2 ⎫ und 3 und 4 ⎭	dass. wie und 1 bis 4 Takt 1
	und 5	RF brush rw – RF ball step Xback LF
	und e	LF brush rw – LF ball step sw
	6	RF stamp schl. zum LF
	und 7	LF brush rw – LF ball step Xback RF
	und e	RF brush rw – RF ball step sw
	8	LF stamp schl. zum RF
7–8	1	RF betonter brush rw
	und 2	RF-LF ballchange
	3	RF stamp vw
	4	LF stamp vw
	5	RF heel beat
	und	RF pick-up, sehr kleine Bewegung rw, gleichzeitig heelstand LF
	e	LF balldrop
	6 und	RF flap vw, sehr kleine Bewegung
	e	RF heeldrop
	7 8	LF scuff – LF stamp schl. zum RF
		Von 5 bis 8 1/2 RD ausführen
9–10	und 1	RF shuffle, Arme: Koordination nach re
	und	RF ball step Xback LF, Armpos.halten
	2	LF stamp Xfront RF, Arme: Koordination auf und 1 und 2 insgesamt 1/4 RD ausführen.
	3	RF stamp sw, Arme: Koordination

Takt	Rhythmus	Beschreibung
	4	LF toe tap Xback RF, Kopf nach re drehen, Oberkör-per nach re beugen, Arme: li Arm schräg hoch, re schräg tief
	5	beide Oberarme zum Körper bringen, Unterarme waagrecht nach vorne, Handflächen nach oben
	und	RF hop
	e 6	LF shuffle
	und	RF hop
	e 7	LF shuffle
	und	LF ball step schl. zum RF
	8	RF stamp am Platz

Takt	Rhythmus	Beschreibung
11–12	und 1 und 2 3 4 5 und e 6 und e 7 und 8 }	dass. wie Takt 9–10, aber mit LF beg.

Takt	Rhythmus	Beschreibung
13–14	und 1	RF flap vw, Arme: Mitbewegung
	und	LF ball step schl. Xback RF
	2	RF stamp vw
	3	LF Jazz Pirouette (1/1 RD), einleiten mit kleinem Armschwung
	4	RF stamp Xfront LF, Knie stark beugen
	und e 5	LF flap vw – LF heeldrop,alles sehr flach getanzt
	und	RF heeldrop
	6	LF heeldrop
	und e 7 und 8 }	dass. wie und e 5 und 6, aber mit RF beginnen

----

Takt	Rhythmus	Beschreibung
15–16	und 1 und 2 3 4 }	dass. wie Takt 13, aber mit LF beginnen
	und e 5	RF flap schräg vw – RF heeldrop, alles sehr flach getanzt
	und	LF heeldrop
	6	RF heeldrop
	7	LF ball step am Platz
	und	RF ball step am Platz
	8	LF stamp am Platz

Takt	Rhythmus	Beschreibung
17–20	und 1 und e 2 und e 3, und e 4 und e 5 und e, 6 und e 7 und e 8 und, e 1 und e 2 und e 3, und e 4 und e 5 und e	} 5 mal Double Time Step, mit RF beginnen
	6 und	LF shuffle
	e	RF hop
	7	LF ball step Xback RF
	und	RF ball step sw
	8	LF stamp Xfront RF, li Knie stark beugen
21–22	1	RF skid vw als Beinkreis, am Ende den Fuß in die Luft führen. Arme: Gegenbewegung
	und	LF hop, Armpos. halten
	2	RF ball step Xfront LF, Armpos. halten
	und 3	LF ball step sw – RF ball step Xfront
	und 4	LF ball step sw – RF ball step Xfront Von 1 bis 4 Bewegung auf Linie sw nach links.
	5 und 6 und	dass. wie 1 bis 4 aber mit LF beginnen,
	7 und 8	Bewegung auf Linie, sw nach rechts
23–24	1 und 2	RF skid vw – LF hop – RF ball step Xtront (wie 1 und 2 Takt 21)
	3 und 4	dass. wie 1 und 2, aber mit LF beg.
	5 und 6	dass. wie 1 und 2
	und 7	LF flap vw
	und e	RF riff vw
	8	LF heeldrop
25–26	und	RF brush rw, Arme: Koordination
	1	RF ball step Xback LF, Armpos.halten
	und	LF ball step sw, Armpos. halten
	2	RF ball step am Platz, Armpos. halten
	3	LF ball step Xback RF, Arme: Koordination
	und	RF ball step sw, Armpos. halten
	4	LF ball step am Platz, Armpos, halten
	5 und 6	dass. wie 3 und 4, aber mit RF beg.

Takt	Rhythmus	Beschreibung
	und	LF brush rw, Arme: Koordination
	7	LF ball step rw Xback RF, Armpos. halten
	und	RF side brush, Armpos. halten
	e	RF ball step sw, Armpos. halten
	8	RF heeldrop, re Knie stark beugen, Oberkörper dreht nach re, Armpos. halten
27–28	1	Gewicht auf LF übertragen, LD einleiten
	und	LF hop
	e 2	RF shuffle
	und	LF hop
	e 3	RF shuffle
	4	RF stamp Xfront LF
		Von 1 bis 4 eine ganze LD ausführen.
	5	RD einleiten
	und e 6	dass. wie und e 2 und e 3 4, aber mit RF beginnen
	und e 7 8	und dabei eine ganze RD ausführen
29–30	1	RF skid vw, am Ende den Fuß in die Luft führen. Arme: Gegenbewegung
	und	LF hop, Armposition halten
	2	RF mit Beinkreis in ball step rw Xback LF, Armpos. halten
	3 und 4	dass. wie 1 und 2, aber mit LF beginnen
	5 und 6	dass. wie 1 und 2
	und 7	LF flap vw
	und e	RF riff vw
	8	LF heeldrop
31-32	1	RF betonter brush rw
	und 2	RF-LF ballchange
	3	RF stamp sw
	4	LF slam sw
	5 und	LF flap
	e 6	RF riff vw
	und	LF heeldrop
	7	RF heel tap
	und	RF ball beat
	8	RF scuff
33–62	= 30 Takte Wiederholung von Anfang	

Takt	Rhythmus	Beschreibung
63–64	1	RF stamp vw
	und e 2	LF flap – LF heeldrop
	und e 3	RF flap – RF heeldrop
	und e 4	LF flap – LF heeldrop
	und e 5	RF flap – RF heeldrop
		Von 1 bis 5 eine Kreisform im Uhrzeigersinn ausführen.
	6	LF stamp vw
	7	Schlußposition:
		RF stamp am Platz, gleichzeitig auf li Knie springen, Arme sw schräg nach oben

3. Lean baby (Billy May)

Schallplatte: All Star Jazz, No HLP 3080
Hoctor Records, Inc.,Waldwick, N.J., 07463

Nach 4 Takten Einleitung:

Takt	Rhythmus	Beschreibung
1–2	und 1 und 2	
	und 3 und 4	
	und 5 und 6	} 7 Mal flap vw, mit RF beginnen
	und 7	
	und	LF stamp
	8	RF slam

3–4	1 2	RF ball beat – RF heeldrop, mit Charleston-Bewegung vw
		Arme: Gegenbewegung
	3 4, 5 6, 7 8	dass. mit LF, RF, LF beginnen

5–6	1 2	RF heel beat vw – RF balldrop
		Arme: Gegenbewegung
	3 4, 5 6, 7 8	dass. mit LF, RF, LF beginnen

7–8	1 2, 3 4,	dass. wie Takt 5–6, dabei eine Kreisform gegen Uhrzeigersinn ausführen. Re Hand zum balldrop
	5 6, 7 8	Finger schnalzen, li Hand auf li Hüfte, Ellbogen zeigt rw
	------------------------------	

Takt	Rhythmus	Beschreibung
9–10		Folgende 2 Takte mit Bewegung auf Linie nach li:
	1	RF heel beat sw, fast gestrecktes Bein
	und 2	RF-LF ballchange
	und	LF hop
	3	RF heel beat
	und 4	RF-LF ballchange
	und	LF hop
	5	RF heel beat
	und	RF ball step
	6	LF ball tap
	und	RF hop, gleichz. knee raise LB
	7	LF ball tap
	und	RF hop, gleichz. knee reise LB
	8	LF ball tap
		Arme: Von 1 bis 8 jeweils Gegenbew.
11–12	1 und 2 und	
	3 und 4 und	
	5 und 6 und	dass. wie Takt 9–10, aber Bewegung auf Linie nach
	7 und 8	rechts, mit LF heel beat beginnen
13–14	1	RF heel beat diag. vw, Bein fast gestreckt. Arme: Mitbewegung
	2	Beinkreis rw auf Ferse mit anschließendem RF pick-up Xback LF. Armpos. halten
	und	RF leap Xback LF
	3 4 und	dass. wie 1 2 und, aber mit LF beg.
	5 6 und	dass. wie 1 2 und
	7	LF heel beat diag. vw, Bein fast gestreckt. Arme: Mitbewegung
	8	LF leap Xback RF
15–16		»6-sound-Folge«:
	1 und	RF heel beat – RF pick-up, sehr kleine Bewegung rw, gleichz. heel stand LF
	e	LF balldrop
	2 und	RF flap vw, sehr kleine Bewegung
	e	RF heeldrop
	3 und e 4 und e 5 und e 6 und e }	dass. 2 mal, erst mit LF dann RF beg.
	7 8	LF scuff – LF stamp

Takt	Rhythmus	Beschreibung
17–18	1 und 2 und 3 und, 4 und 5 und 6 und	} 2 mal »6-sound-Folge« wie Takt 15, erst mit RF, dann LF beginnen, aber Füße parallel nebeneinander mit großem Abstand. Dabei 1/1 RD ausführen
	7 8	RF scuff – RF stamp
19–20	1 und e 2 und e 3 und e 4 und e 5 und e 6 und e	} 3 mal »6-sound-Folge« wie Takt 15, erst mit LF, dann RF, LF beginnen
	7 8	RF scuff – RF stamp
21–24		dass. wie Takt 17–20, aber mit LF beg.
25–26	1	RF tap vw. Arme: Gegenbewegung zum RB
	(2)	Pause
	und	LF hop, Armpos. wechseln
	3	RF tap rw, fast gestrecktes Bein
	(4)	Pause
	und	LF hop, Armpos. wechseln
	5	RF ball tap vw
	und	LF hop, Armpos. wechseln
	6	RF tap rw
	und 7 und 8	dass. wie und 5 und 6
27–28	(1)	Pause
	und e	Soul Hip re – LF inside slide und knee raise RB. Oberkörper nach li beugen. Arme: Gegenbewegung zum RB
	2	RF ball step
	(3) und e 4	dass. wiie 1 bis 2, aber nach links mit Soul Hip li beginnen
	(5) und e 6	dass. wie 1 bis 2
	und e 7	dass. wie und e 2
	8	RF heeldrop
29–32		dass. wie Takt 25 bis 28, aber mit LF beginnen
33–34	(1)	Pause
	und 2	RF Xback – LF Xfront ball-flat (footchange)
	3	RF stamp sw (lunge), Oberkörper nach re drehen. Arme: Koordination

Takt	Rhythmus	Beschreibung
	4	Gewicht auf LF übertragen und LF heeldrop, LD einleiten. Kleiner Armschwung mit re Arm, li Hand auf li Hüfte
	5	auf LF nach li drehen
	und	LF hop
	e 6	RF shuffle
	7	RF stamp sw (lunge), Oberkörper nach re drehen. Arme: Koordination
	8	Gewicht auf LF übertragen und LF heeldrop. Von 4 bis 7 1/1 LD ausführen.

35–36	(1)	Pause
	und 2	RF Xback – LF Xfront ball-flat (footchange)
	3	RF stamp sw (lunge), Oberkörper nach re drehen. Arme. Koordination
	4	LF scuff
	5	RF chug. Arme: Gegenbewegung zum LB
	6	LF heel beat, Armpos. halten
	und 7	LF leap – RF toe tap Xback LF
	und 8	LF hop – RF toe tap Xback LF

37–38	(1)	Pause
	und	LF hop
	2	RF ball step Xfront LF
	(3)	Pause
	und 4	RF hop – LF ball step Xfront RF
	(5)	Pause
	und 6	LF hop – RF toe tap Xback LF
	und 7	LF hop – RF toe tap Xback LF
	und 8	RF ball step Xback LF – RF heeldrop

39–40	1 und e 2 und e 3 und e 4 und e	2 mal »6-sound-Folge« wie Takt 15, erst mit LF, dann mit RF beginnen
	5 und	LF heelbeat – LF pick-up, sehr kleine Bewegung rw, gleichz. heelstand RF
	e	RF balldrop
	6	LF ball beat Xback RF. Arme:Koordination nach re
	7	RF hop turn (air turn) 1/1 LD, einleiten mit kleinem Armschwung re Arm
	8	LF stamp Xfront RF

Takt	Rhythmus	Beschreibung
41–42	(1 und)	Pause
	e 2	RF shuffle sw, li Knie stark beugen. Arme: Gegenbewegung zum RB
	3	RF ball step schl. zum LF
	(und)	Pause
	e 4	LF shuffle sw, re Knie stark beugen. Arme: Gegenbewegung zum LB
	5	LF ball step zum RF schl.
	(und)	Pause
	e 6	RF shuffle sw, li Knie stark beugen. Arme: Gegenbewegung zum RB
	7 8	2 mal clap hands
43–44	1	RF ball step zum LF schl.
	und e 2	LF shuffle sw – LF ball step schl. zum RF
	und e 3	RF shuffle sw – RF ball step schl. zum LF
	4	LF stamp vw. Arme: Gegenbewegung
	5	RF scuff, Armpos. wechseln
	6	LF chug, Armpos. halten
	7 8	RF stamp vw, Armpos. halten – LF stamp vw
45–46	(1) und 2 3 4 ⎫ 5 6 und 7 und 8 ⎭	dass. wie Takt 35 bis 36
47–48	(1)	Pause
	und 2	LF hop – RF toe tap Xback LF, Bewegung schräg rw
	und 3	LF hop – RF toe tap Xback LF, Bewegung schräg rw
	4	RF ball step rw
	5	LF ball step schl. zum RF, beide Knie stark beugen
	und e	RF shuffle sw
	6 und e	dass. wie 5 und e, aber mit RF beg.
	7 8	LF ball step zum RF schl. – LF hop
49–50	und	Soul Hip re, Oberkörper nach re drehen
	e de 1	RF flap diag. vw – RF heeldrop, Knie stark beugen. Arme. Gegenbewegung
	und 2	LF heeldrop – RF heeldrop, Armpos. halten
	und e de 3 und 4 ⎫ und e de 5 und 6 ⎬ und e de 7 und 8 ⎭	3 mal dass., erst mit LF, dann mit RF, LF beginnen

Takt	Rhythmus	Beschreibung
51–52	und	Soul Hip re
	e 1	RF flap sw, re Knie stark beugen, Torso dreht 1/8 nach li
	und	LF pick-up Xback RF
	2	RF heeldrop
	und e 3 und 4 und e 5 und 6 }	2 mal dass., aber mit LF, dann mit RF beginnen
	und	Soul Hip li
	e 7	LF flap sw, li Knie stark beugen, Torso dreht 1/8 nach re
	und e	RF pick-up Xback LF – RF ball step schl. zum LF
	8	LF stamp
53–54	und 1	Soul Hip re – RF heeldrop. Arme: Gegenbewegung zum RB
	und 2	Soul Hip li – LF heeldrop. Arme: Gegenbewegung zum LB
	und 3	Soul Hip re – RF heeldrop. Arme: Gegenbewegung zum RB
	4	LF ball tap Xback RF
	5 6	Spiraldrehung 1/1 LD
	(7)	Pause
	und	RF ball step rw
	8	LF ball step Xfront RF
55–56	und 1 und 2	RF flap diag. vw – LF flap Xfront RF
	und	RF ball step rw
	3	LF brush sw nach li
	und	LF ball step
	4 und	RF flap Xfront LF
	5	LF ball step rw
	und 6	RF side brush nach re – RF ball step
	und 7	LF flap Xfront RF
	8	RF scuff. Arme: Gegenbewegung zum RB
57–58	1	LF chug, Armpos. halten
	2	RF stamp vw, Armpos. halten
	und e 3 und 4	5-sound-riff walk: LF riff – RF heeldrop – LF heel beat – LF ball step
	und e 5 und 6 und e 7 und 8	2 mal 5-sound-riff walk, erst mit RF, dann mit LF beginnen

Takt	Rhythmus	Beschreibung
59–60	1	RF skid vw, am Ende Fuß in die Luft führen
	und e	Soul Hip re – LF hop und knee raise RB
	2	RF ball tap
	und e 3	dass. wie und e 2
	und e	Soul Hip re – LF hop und knee raise RB
	4	RF ball step
		Von und e 2 bis 4 Bewegung auf Linie nach re, Oberkörper nach li beugen. Arme: li Arm vorne, re Arm hinten
	5 und e 6 und e 7	dass. wie 1 bis 3, aber mit LF beginnen
		Von und e 6 bis 7 Bewegung auf Linie nach li, Oberkörper nach re beugen. Arme: re Arm vorne, li Arm hinten
	8	LF stamp sw, großer Schritt, LD einleiten
61–62	1 2	Jazz-Pirouette auf LF (1/1 LD), kleiner Armschwung mit re Arm
	und 3	Knierotation RB zum li Knie – RF point sw
	4	Jerk-Position
	5 und e	RF ball step schl. zum LF – LF shuffle sw, dabei Oberkörper stark nach vorne beugen. Arme: Gegenbewegung zum RB
	6 und e	LF ball step schl. zum RF – RF shuffle sw, dabei Oberköroer stark nach vorne beugen. Arme: Gegenbewegung zum LB
	7 und e	dass. wie 5 und e
	8	LF ball step schl. zum RF
63–64	und	LF heeldrop
	1 und e 2 und e }	»6-sound-Folge« wie Takt 15
	3	LF scuff diag. vw
	4	LF point diag. vw
	5 und e 6 und e }	»6-sound-Folge« wie Takt 15, aber mit LF beginnen
	7 8	RF scuff diag. vw – RF point diag. vw
65	(1)	Pause
	und 2	RF Xback – LF ball-flat (footchange)
	3	RF stamp sw (lunge), Knie stark beugen, Oberkörper nach re drehen. Arme: Koordination
	4	Gewicht auf LF übertragen, LD einleiten

Takt	Rhythmus	Beschreibung
66	1	Jazz-Pirouette auf LF, kleiner Armschwung mit re Arm, dabei gleichz. RF betonter brush rw
	und	RB Knierotation zum LB
	2	RF point sw, re Arm vorne, li Arm hinten

4. Mexikanischer Walzer

Schallplatte: EP 58 701, Schallplattenverlag Walter Kögler, Stuttgart
oder entsprechende andere Walzer-Musik

Nach 4 Takten Einleitung:

1–4	1	RF ball step am Platz
	2 und	LF shuffle diag. vw
	3 und	LF-RF ballchange
	4 5 und 6 und	dass. wiederh., aber mit LF beginnen
	1 2 und 3 und	von Anfang wiederh.
	4 5 und 6 und	Takt 1–4 mit einer 1/1 RD tanzen.

5–8	1	RF stamp vw
	2	RF chug, gleichz. LF Kick vw
	3	LF stamp vw
	4 5 6	2 mal dass. wiederh.
	1 2 3	
	4	RF stamp vw
	5	RF chug, gleichz. LF Kick vw
	6	RF chug, gleichz. LF Kick vw

9–12	1	LF stamp vw
	9	RF ball step rw
	3	LF ball step schl. zum RF
	4 5 6	dass. wiederh., aber mit RF beg.
	1 2 3	dass. wiederh., mit LF beg.
	4 5 und	dass. wiederh., mit RF beg.
	6 und	LF-RF ballchange am Platz

13–16	1 2 3 4 5 6 1 2 3 4 5 und 6 und }	dass. wie Takt 9 –12, aber den stamp immer Xfront
	----------------------------	

Takt	Rhythmus	Beschreibung
17–20	1	LF stamp am Platz, dabei 5/8 LD ausführen
	2	RF ball step sw
	3	LF ball step am Platz
	4	RF stamp Xfront LF, 1/4 RD
	5	LF ball step sw
	6	RF ball step am Platz
	1 2 3 / 4 5 6 }	dass. wie 4 5 6, aber mit LF beginnen

21–24	1 2 3 4 5 6 / 1 2 3 4 5 6 }	Takt 17–20 wiederh., auf 1 aber 6/8 LD

25–28	1	LF ball step am Platz
	und 2	RF shuffle diag. vw
	und 3	RF-LF ballchange
	4 und 5 und 6, 1 und 2 und 3, 4 und 5 und 6 }	3 mal dass. wiederh., mit RF, LF, RF beginnen
	----------------------------	
29–32	1	LF leap sw
	2	RF toe tap Xback LF
	3	LF hop
	4 5 6	dass. wiederh., aber mit RF beginnen
	und 1 und 2 / und 3 }	LF flap vw – RF flap vw, LF flap vw
	und 4	RF shuffle diag. vw
	und 5	RF-LF ballchange
	und 6	RF flap vw

33–36	1 2 und 3 und, 4 5 und 6 und }	dass. wie Takt 1 und 2, aber mit LF beginnen
	1	LF ball step am Platz, LD einleiten
	2	RF side brush (inside)
	3	LF hop
		Von 1–3 1/1 LD ausführen.
	4 (5 6)	RF slam – Pause

37–40	1 2 und 3 und / 4 5 und 6 und / 1 2 3 4 (5 6) }	dass. wie Takt 33–36, aber mit RF beginnen
	----------------------------	

116

Takt	Rhythmus	Beschreibung
41–44	1	LF ball step Xback RF
	und 2	RF Beinkreis rechtsdrehend mit shuffle-Technik vw beginnen
	und 3 und	dass. wie 1 und 2, aber mit RF beginnen
	4	LF ball step Xback RF
	5	RF brush vw
	6	RF ball step
	1–6	dass. wiederholen

Takt	Rhythmus	Beschreibung
45–48	1 2 3 4 5 6 ⎫ und 1 und 2 ⎬ dass. wie Takt 29–32 und 3 und 4 ⎪ und 5 und 6 ⎭	

Takt	Rhythmus	Beschreibung
49–52	und 1	LF flap sw
	und 2	RF flap sw Xfront LF
	und	LF ball step am Platz
	3 und 4 und 5 ⎫ und 6 und 1 und ⎬ 3 mal dass. wie und 1 und 2, mit RF, LF, RF beginnen 2 und 3 und 4 ⎭	
	und 5	LF flap sw
	und 6	RF flap sw Xfront LF

Takt	Rhythmus	Beschreibung
53–56		dass. wie Takt 49–52, aber mit 1/1 LD

Takt	Rhythmus	Beschreibung
57–60	1	LF scuff vw, Arme: Gegenbewegung
	2 3	LF strut Xfront RF, Armpos. halten
	4 5 6 ⎫ 1 2 3 ⎬ dass. wie 1–3, mit RF, LF, RF beginnen 4 5 6 ⎭	

Takt	Rhythmus	Beschreibung
61–64	1	LF pick-up Xback RF
	und	RF balldrop
	2	LF ball step Xback RF
	3	LF heeldrop
	4 und 5 6 ⎫ 1 und 2 3 ⎭ dass. wie 1–3, aber mit RF, LF beginnen	
	(4)	Pause
	5	RF stamp vw
	6	LF stamp zum RF schl.

Takt	Rhythmus	Beschreibung
65–128		von Anfang wiederholen

129–132	1 (2 3) 4 5 6	
	(1) 2 3)4 (5 6)	Parallells auf Linie sw nach re, mit Fußspitzen nach re drehen beginnen
	-------------------------------	
133–136		dass. wie Takt 129–132, aber auf Linie sw nach li

137–140	1 und	RF heel beat – RF pick-up
	2	LF balldrop
	3	RF betonter stamp sw (lunge) mit 1/4 RD, Oberk. dreht mehr
	4	clap hands
	(5 6)	Pause
	1 und 2 3 4	dass. wiederh., aber mit LF beginnen und insge-
	(5 6)	LF samt 1/2 LD ausführen

141–144	1 und 2 3 ⎫	
	4 (5 6) ⎬	Takt 137-140 wiederh., aber erst mit 1/2 RD,
	1 und 2 3 ⎭	
	4 (5 6)	dann mit 1/4 LD

145–152	1 und 2	RF shuffle – LF hop
	3	RF ball step Xback LF
	4	LF brush vw
	5	LF ball step vw
	6	RF ball step rw
	1 und 2 3	
	4 5 6,	
	1 und 2 3 ⎬	dass. wiederholen, mit LF, RF, LF beginnen
	4 5 6,	
	1 und 2 3	
	4 5 6	
		Von Takt 145–152 insgesamt 1/1 RD ausführen
	-------------------------------	
153 156	1 2 3 4 5 ⎫	
	6, 1 2 3 4 ⎬	2 mal dass. wie Takt 17 und 18, aber mit RF
	5 6 ⎭	beginnen

Takt	Rhythmus	Beschreibung
157–160	1 2 3 4 5 6, und 1 und 2 und 3) und 4 und 5 und 6 }	dass. wie Takt 29–32, aber mit RF beginnen
	------------------------------	
161–164	1 und 2	RF shuffle – LF hop
	und 3	RF flap
	und	LF brush vw
	4 und	LF-RF ballchange
	5 und 6	LF shuffle – RF hop
	und 1 (2)	LF flap – Pause
	und 3	RF-LF ballchange
	4 5	RF stamp – LF stamp
	6	RF slam

165–168		Takt 161–164 wiederh.

169–172	1 und	RF flap sw
	2	LF pick-up Xback RF
	und	RF heeldrop
	3 und 4 und 5 und 6 und }	dass. wiederh. mit LF, RF beginnen
	1 und 2	LF flap sw – RF pick-up
	3	RF ball step schl. z.LF
	4	LF stamp am Platz
	(5 6)	Pause

173–176	1 und 2	RF flap sw – RF heeldrop
	und 3 und	LF flap Xfront RF – LF heeldrop
	4 und	RF flap sw
	5	RF heeldrop (lunge), Knie stark beugen, Oberk. dreht nach rechts Von 1–5 Bew. sw auf Linie nach re, Arme: Koordination
	6	LF heeldrop mit Gewicht, LD einleiten, kleiner Armschwung mit re Arm
	1 2	RF brush rw in knee raise und anschl. Knierotation nach innen
	3	RF ball beat sw (point)

5. Bye Bye Blues

Schallplatte: Hoctor Records No. H-798, Seite B
Hoctor Dance Records, Inc., Waldwick, N.J. 07463

Nach 4 Takten Einleitung:

Takt	Rhythmus	Beschreibung
1–2	(1)	Pause
	und 2	RF-LF ballchange
	3 4	RF stamp am Platz – LF stamp am Platz
	(5)	Pause
	und 6 ⎫ und 7 ⎭	RF flap vw – LF flap vw
	8	RF stamp
3–4	1	LF heeldrop
	2	RF heel beat
	und	RF pick-up, sehr kleine Bew.
	e	LF balldrop
	3	RF brush vw, sehr kleine Bew.
	4	RF flat step am Platz
	(5)	Pause
	6 und e ⎫ 7 8 ⎭	dass. wie 2 und e 3 4 mit LF
5–8		Takt 1 bis 4 wiederholen aber am Ende LF slam
9–10	(1)	Pause
	und 2	LF flap sw
	und 3	RF flap sw Xfront LF
	4	LF stamp sw
		Von und 2 bis 4 Bew. auf Linie sw nach li
	5	RF stamp sw, das Knie stark beugen
	6	LF ball beat Xback RF
		Von und 2 bis 6 Arme Koord. entsprechend zum Fuß
	7 8	RF heeldrop – LF heeldrop, gleichz. Spiraldr. mit 1/1 LD, einleiten mit kleinem Armschwung re Arm
11–12	(1)	Pause
	und 2	ballchange RF diag rw – LF Xfront RF, re Arm hinten, linker Arm vor dem Körper
	3 4	RF ball step rw – LF ball step sw

Takt	Rhythmus	Beschreibung
	5	RF stamp Xfront LF
	6	LF scuff vw, Arme Gegenbew.
	7 8	LF strut Xfront RF, Armpos. halten

13–14	(1)	Pause
	und 2	ballchange RF diag. rw – LF Xfront RF
	und 3	dass. wie und 2
		Von und 2–3 re Arm hinten, li. Arm vor dem Körper halten.
	4 5	RF ball step rw – LF ball step sw
	6	RF ball step Xfront LF
	7 8	RF heeldrop – LF heeldrop, Spiraldrehung mit 1/1 LD, einleiten mit kleinem Armschwung re Arm
	----------------------------	
15–16	(1)	Pause
	und 2	ballchange RF diag. rw LF Xfront RF, re Arm hinten, li Arm vor dem Körper
	3 4	RF ball step rw – LF ball step sw
	5	RF ball step schl. zum LF
	und e	LF shuffle sw
	6	LF ball step schl. z. RF
	und e	RF shuffle sw
	7	RF ball step schl. zum LF
	8	LF stamp vw

17–18	1 und 2 und 3 und }	6-sound-Folge, mit RF beg.
	4 und	LF heel beat – LF pick-up sehr kleine Bewegung
	5	RF balldrop
	6	LF flat step sw, LD einleiten, kleiner Armschwung mit re Arm
	7	RF inside brush
	8	RF brush rw
		Von 6–8 eine 1/1 LD ausführen

19–20	1 2	RF ball beat sw – RF heeldrop mit Gewicht
	3 4	LF heelbeat sw – LF ball beat
	5 und e	6-sound-Folge mit LF beg.
	6 und e 7 8 }	RF scuff vw – RF slam schl. zum LF

		Takt 17–20 wiederholen

Takt	Rhythmus	Beschreibung
25–26	1 2	RF ball tap vw – RF ball tap sw
	3 4	RF ball step Xback LF – RF heeldrop
	(5)	Pause
	und 6	ballchange LF diag rw – RF Xfront LF
	7	LF ball step Xfront RF
	8	LF heeldrop
		Von 1–8 Arme in entsprechender Gegenbewegung
27–28		Takt 25–26 wiederholen
29–30	(1)	Pause
	und 2	RF flap sw
	und 3	LF flap sw Xfront RF
	4	RF stamp sw, das Knie stark beugen
		Von und 2–4 Bew. auf Linie sw nach re, Arme: Koordination
	(5)	Pause – beide Arme nach li schwingen
	6	RF inside slide, Armpos. halten
	7 8	LF ball step sw – LF heeldrop
31–32	(1)	Pause
	und 2	RF-LF ballchange
	3 4	RF stamp – LF stamp
	5 und e	6-sound-Folge, mit RF beginnen
	6 und e } 7 8	LF scuff – LF stamp
33–36	(1)	Pause
	und 2 und	RF shuffle – LF hop
	3 und	RF flap vw, sehr kleine Bewegung
	4	LF brush vw
	und 5	LF ball step RF ball step
		Von und 2–5 Double Time Step
	und 6 und 7 und 8 und 1 }	Double Time Step, mit LF beg.
	und 2 und 3 und 4 und 5 }	Double Time Step mit RF beg.
	und 6 und	LF shuffle – RF hop
	7 und	LF flap
	8	RF slam

Takt	Rhythmus	Beschreibung
37–38	(1)	Pause
	und e 2	
	und e 3 }	Double Time Step, mit RF beg.
	und e	
	4 und e	
	5 und e }	Double Time Step, mit LF beg.
	6 und	
	e 7	RF-LF ballchange
	(8)	Pause

39–40		Takt 37–38 wiederholen

41–44	(1)	Pause
	und 2	RF riff, Arme: Gegenbew.
	und	LF heeldrop
	3	RF heel beat
	und	RF strut
	und 5und }	dass. wie und 2–4, aber mit LF beginnen
	6 und 7	
	und 8 und }	dass. wie und 2–4
	1 und 2	
	und 3 und }	dass. wie und 2–4, aber mit LF beginnen
	4 und 5	
	und 6	RF riff
	und	LF heeldrop
	7 8	RF stamp vw – LF stamp rw
		Von Takt 41–44 eine Kreisform im Uhrzeigersinn ausführen

45–46	(1)	Pause
	und e	RF flap, Arme Koordination nach re
	de 2	LF pick-up – RF heeldrop, Armpos. halten
	(3) und e }	dass. wie und e de 2, aber mit LF beginnen
	de 4	
	(5) und e	
	de 6, (7) }	dass. wie 1–4
	und e de 8	

Takt	Rhythmus	Beschreibung
47–48	(1) und e	
	de 2	dass. wie 1–2 Takt 45–46
	und e	LF flap
	de	RF pick-up
	3	LF heeldrop
	und e de 4	dass. wie und e de 3, aber mit LF beginnen
	(5) und e	Pause – LF shuffle
	6	RF pull back
	und e 7	LF shuffle – RF pull back
	8	LF stamp rw
49–50	1 und 2 und 3 und }	6-sound-Folge, mit RF beginnen
	4 und	LF heelbeat – LF pick-up
	5	RF balldrop
	6	LF stamp, LD einleiten, kleiner Armschwung mit re Arm
	7 8	RF inside brush – RF brush rw Von 6–8 eine 1/1 LD ausführen
51–52	(1)	Pause
	und 2	ballchange RF Xback LF – LF am Platz
	3 4	RF stamp sw – LF stamp sw
	und 5	RF riff vw, Arme: Gegenbew.
	6	RF stamp vw, Armpos. halten
	7 8	LF brush vw – LF stamp. Arme: Gegenbewegung
53–56		Takt 49–52 wiederholen
57–58	und e	RF flap sw
	de	LF pick-up
	1	RF heeldrop
	und e de 2 und e de 3 und e de 4 und e de 5 und e de 6 und e de 7 und e de 8 }	7 mal dass. wie und e de 1, abwechselnd mit LF und RF beginnen
		Von und e de 1 bis 8 Bew. rw

Takt	Rhythmus	Beschreibung
59–60	und e	RF flap sw Xfront LF
	1	RF heeldrop
	und e	LF flap sw
	2	LF heeldrop
	und e 3 } und e 4	dass. wie und e 1 bis 2
	und e 5 } und e 6	dass. wie und e 1 bis 2
	und e 7	RF flap sw Xfront LF – RF heeldrop Von 1–7 eine Kreisform gegen Uhrzeigersinn aus-führen. Arme: Koordination
	8	Endposition: re Arm nach vorne, Handfläche nach oben, li Hand an li Hüfte, Ellbogen zeigt rw

Literaturverzeichnis

Ajello, Elvira: *The Irish Solo Zig*. London 1932.
Astaire, Fred: *Steps in Time*. New York 1959.
Atwater, Constance: *Tap Dancing*. Tokyo 1971.
Ballwebber, Edith: *Tap Dancing*. Chicago 1930.
–,–: *Illustrated Tap Rhythms*. Chicago 1933.
Bohländer, Carlo und Holler, Karl Heinz: *Reclam's Jazz-
    führer*. Stuttgart 1971.
Burchill, Kenneth: *Step Dancing*. London 1948.
Butcher, Margaret: *The Negro in American Culture*. New York 1956.
Cadwell, Grace: *How to tap dance*. St. Louis 1931.
Carlos (Ernesto Carlos Gonzales): *Tips on Taps*. New York 1937.
Chase, Gilbert: *American Music*. New York 1945 (Auch in deutscher Übersetzung).
Cholerton, Judy: *Hints on Tap Dancing*
–, –: *The Theory of Tap Dancing* (2 Hefte)
–,–: *Time Step Variations and Breaks Theory*
–,–: *The Theory of the authentic Time Steps*
–,–: *Time Step Variations and Breaks*.
    Alle Hefte oD.
Curtis, J. Ralph: *Professional Buck and Wing* (oD).
Dauer, Alfons M.: *Jazz – die magische Musik*. Bremen 1961.
–,–: *Stil und Technik im afrikanischen Tanz*. Afrika heute 24/1967.
Del-Wrights: *Tap Dancing for everyone*. New York 1953.
Donahue, Jack: *Letters of a Hoofer to his Ma*. New York 1931.
Draper, Paul: *Tap Series. Dance Magazine*, Dez. 1958 bis Dez. 59
Duggan, Anne S.: *Tap Dances* 1932.
–,–: *Complete Tap Dance Book*. New York 1947.
Ferguson, K.: *Elementary Tap Dances*. New York 1930.
Fletcher, Beale: *How to improve your Tap Dancing*. New York 1957
Flett, U. F. und Flett, T. M.: *Traditional Dancing in Sootland*. London 1964.
Frost, Helen: T*he Clog Dance Bock*. New York 1921.
–,–: *Clog and Character Dances*. New York 1924.
–,–: *Tap, Caper and Clog*. New York 1931.
Gilbert, Al: *Tap Dance Magazine* 1966/67.
Griaule, Marcel: *Masques Dogon*. Paris 1963.
Günther, Helmut: *Grundphänomene und Grundbegriffe des afrikanischen und afro-
    amerikanischen Tanzes*. Wien 1970.
Günther, Helmut: 1. Kapitel und teilw. 2. Kapitel aus »Grimmer/Günther, *Tap Dance,
    Geschichte-Technik-Praxis*«
Günther, Helmut / Grimmer, Manfred: *Theorie und Praxis des Jazz Dance*. Schw.
    Gmünd/Stuttgart 1972.
Hillas, Marjorie: *Tap Dancing*. New York 1930.